TRÄUME

Titel der Originalausgabe: *In Focus Dreams*

© 2024 Librero IBP (für die deutschsprachige Ausgabe)
www.librero-ibp.com

Ursprünglich 2022 herausgegeben von Wellfleet Press, einem Imprint von The Quarto Group
Copyright © 2022 by Zambezi Publishing Ltd.
Text © 2022 by Zambezi Publishing Ltd.
Sofern auf Seite 143 nicht anders angegeben, Illustrationen © 2022 Quarto Publishing Group USA Inc.

Verlegerin: Rage Kindelsperger
Kreativdirektorin: Laura Drew
Lektoratsleitung: Cara Donaldson
Lektorat: Elizabeth You
Layout: Ashley Prine, Tandem Books

Übersetzung aus dem Englischen:
Barbara Knesl, Graz
Redaktion und Satz der deutschen Ausgabe:
Print Company Verlagsges.m.b.H., Wien
Lektorat: Martin Vejvar

Printed in China

ISBN: 978-94-6359-738-8

TRÄUME

Ein persönlicher Ratgeber

Angela Mogridge

Librero

INHALT

EINLEITUNG

Im einen Moment schweben Sie hoch über Ihrem Haus, im nächsten führen Sie ein tiefgründiges Gespräch mit einem verstorbenen Verwandten, um sogleich Ihren Lieben zu Hilfe zu eilen, da Ihr Zuhause in Flammen steht – all das passiert im Laufe einer typischen Nacht in der Traumwelt!

Wir alle träumen, fast jede Nacht; an manche Träume erinnern wir uns lebhaft, an andere nie. Manche Träume beschäftigen uns noch lange und sorgen dafür, dass wir uns unbehaglich und verletzlich fühlen. Andere lassen in uns Glücksgefühle, Motivation oder Mut zur Veränderung aufkommen. Und dann gibt es solche, die uns verwirren, da sie schlichtweg keinen Sinn ergeben.

Dafür, dass wir es jede Nacht tun und es einen solchen Einfluss auf unsere Emotionen und unser mentales Wohlbefinden hat, wissen wir sehr wenig über das Träumen. Gleichwohl sind viele Menschen von dem Thema fasziniert und haben viele Fragen über Träume und den Traumvorgang.

Seit Jahrhunderten rätseln die Menschen über die Bedeutung von Träumen. Die frühesten Hochkulturen gingen davon aus, dass Träume eine Verbindung zwischen unserer Welt und dem Reich der Götter herstellen. Die Griechen und Römer glaubten, dass Träume prophetische Kräfte besäßen und die Zukunft vorhersagen. Im 19. Jahrhundert begannen Psychologie und Wissenschaft damit, dieses Phänomen näher zu erforschen.

In diesem Buch werden einige Fragen zu dieser Thematik behandelt und Antworten in verschiedenen Quellen gesucht. Es gibt ein umfassendes Traumverzeichnis, mit dem Sie die Bedeutung einiger Ihrer seltsamsten Träume entschlüsseln können.

Am Ende Ihrer Reise werden Sie einen tieferen Einblick in das Träumen und die damit verbundene Wissenschaft und Mystik haben.

Einige häufige Fragen zu Träumen

Zunächst sollen hier grundlegende Fragen zu Träumen kurz beantwortet werden.

Warum träumen wir?

Das ist vielleicht die schwierigste Frage, die es zu beantworten gilt! Neurowissenschaftler, Psychologen, geistliche Führer und Mystiker haben alle ihre Erklärungen und Theorien dafür, warum wir träumen – viele davon werden wir auf unserer Reise durch dieses Buch näher beleuchten.

Was ist ein Traum?

Ein Traum lässt sich als eine Reihe von dramatisierten Bildern und Visionen beschreiben, die während bestimmter Schlafstadien in unserem Geist entstehen – insbesondere während der sogenannten *Rapid Eye Movement* (REM)-Phase. Im Zuge unserer Erkundung der Träume werden wir mehr über die Phasen erfahren, die unser Körper und Geist im Schlaf durchleben, und was beim Träumen mit unserem Gehirn passiert.

Warum kann ich mich nicht immer an meine Träume erinnern?

Manchmal erinnert man sich lebhaft an seine Träume, manchmal aber auch nur an Fragmente; und mitunter fallen einem erst Stunden nach dem Aufwachen Teile eines Traums wieder ein. Es kann sogar vorkommen, dass man sich nicht sicher ist, ob es sich bei einer Erinnerung tatsächlich um eine Erinnerung oder bloß um einen Traum handelt. Wissenschaftler gehen davon aus, dass man sich eher an einen Traum erinnert, wenn man während der REM-Traumphase aufwacht.

Wie lange dauern Träume?

Ein Traum kann zwischen ein paar Sekunden und bis zu dreißig Minuten dauern. Schlafwissenschaftler glauben, dass ein durchschnittlicher Mensch drei bis fünf Träume pro Nacht hat, wobei manche es auf bis zu sieben schaffen. Im Laufe unseres Lebens verbringen wir insgesamt bis zu sechs Jahre mit Träumen!

Gibt es verschiedene Arten von Träumen?

Es gibt wahrscheinlich so viele verschiedene Arten von Träumen wie es Träumende gibt! Wahrscheinlich erleben wir alle im Laufe unseres Lebens eine Reihe unterschiedlicher Träume. Es gibt Fantasieträume, die scheinbar nichts mit dem wirklichen Leben zu tun haben, logische, realitätsnahe, Träume, die uns glücklich oder traurig machen oder uns verängstigen und beunruhigen und so weiter.

Was sind Albträume?

Albträume sind Träume, die Angst und Panik erzeugen – und oft dazu führen, dass wir plötzlich, mitunter schreiend, aufwachen. Albträume können durch Stress, Angst oder posttraumatische Belastungsstörungen (PTBS) hervorgerufen werden. Ebenso können sie aber auch keine offensichtliche Ursache haben.

Kinder haben tendenziell mehr Albträume als Erwachsene, doch jeder hat irgendwann in seinem Leben einmal einen „schlechten Traum". Neben Albträumen erleben manche den sogenannten Pavor nocturnus, Schlafwandeln, Schlaflosigkeit (die Unfähigkeit, ein- oder durchzuschlafen) oder Schlafparalyse – das Gefühl, wach zu sein, sich aber nicht bewegen zu können.

Was sind luzide Träume?

Luzide Träume können in den späten Phasen des REM-Schlafs auftreten, wenn Ihnen bewusst ist, dass Sie schlafen, aber in gewissem Maße die Ereignisse im Traum kontrollieren können. Manche Menschen versuchen, luzides Träumen bewusst herbeizuführen, um ihr Selbstvertrauen und ihre Kreativität zu fördern.

Haben Träume eine Bedeutung?

Diese Frage ist fast so schwierig zu beantworten wie die nach dem Wie und Warum des Träumens, und es gibt fast genauso viele Theorien und Meinungen dazu. In Kapitel 6 in diesem Buch erfahren Sie, was die häufigsten Träume bedeuten könnten.

Träumen Tiere?

Da alle Säugetiere im Schlaf REM-Phasen erleben, können sie alle träumen. In ihren 7 bis 9 Stunden Schlaf pro Nacht erleben Menschen etwa 2 Stunden REM-Schlaf. Im Vergleich dazu schlafen Katzen durchschnittlich 13 Stunden am Tag und sind bis zu 8 Stunden im REM-Schlaf. Untersuchungen haben ergeben, dass afrikanische Elefanten nur 2 Stunden pro Tag schlafen, sodass sie manchmal gar nicht in  die REM-Phase gelangen. Manche Tiere wie etwa Delfine schlafen nur mit einer Hälfte ihres Gehirns, sodass sie im Schlaf weiterschwimmen können.

TRAUMVISION

❖

Blinde Menschen, die vor dem siebten Lebensjahr ihre Sehkraft verlieren, träumen wahrscheinlich mit anderen Sinnen als mit dem Sehsinn. Nicht alle sehenden Menschen träumen in Farbe – manche träumen immer in Schwarz-Weiß.

Was ist mit Babys?

Wenig überraschend haben Babys, die mehr als die Hälfte ihrer Zeit mit Schlafen verbringen, wahrscheinlich jede Menge Träume. Da sie aber nicht davon berichten können, kann die Forschung dazu keine genauen Angaben machen. Studien deuten darauf hin, dass Kinder im Alter zwischen drei und sieben Jahren beginnen, ähnlich wie Erwachsene zu träumen. Es wird hingegen angenommen, dass ältere Menschen weniger als ein Fünftel ihrer Zeit mit Schlafen verbringen – und dementsprechend weniger träumen.

Soweit die wichtigsten Fakten über Träume. Beim Lesen dieses Buches werden Sie noch Näheres zu diesen Themen erfahren.

Traumverzeichnis

Dieses Buch enthält ein Verzeichnis, das als schnelle und praktische Referenz dient und eine kurze Auflistung einiger der gängigsten Symbole enthält, die in Träumen vorkommen.

❋ ❋ ❋

TEIL I
TRAUMLEHRE

1.

DIE WISSENSCHAFT DER TRÄUME

Um zu verstehen, wie wir träumen, müssen wir zunächst einen näheren Blick auf unser Gehirn werfen!

Das Gehirn ist eines der größten und komplexesten Organe des Menschen. Es umfasst viele verschiedene Areale, die alle ihre speziellen Aufgaben erfüllen, vor allem aber zusammenarbeiten müssen:

- Der **Cortex** ist die äußerste Schicht von Gehirnzellen und steuert das Denken und willkürliche Bewegungen.
- Der **Hirnstamm** zwischen dem Rückenmark und dem Rest des Gehirns steuert Atmung und Schlaf.
- Die **Basalganglien** sind eine Gruppe von Strukturen im Zentrum des Gehirns, die Botschaften an das Gehirn koordinieren.
- Das **Kleinhirn** an der Basis und im hinteren Teil des Gehirns ist für die Koordination und das Gleichgewicht verantwortlich.
- Das **limbische System** besteht aus der **Amygdala** und dem **Hippocampus** und befindet sich oben auf dem Hirnstamm. Die Bereiche des limbischen Systems sind für Emotionen und Motivation verantwortlich.
- Das Gehirn ist auch in mehrere Lappen unterteilt:
  - Die **Frontallappen** sind für die Problemlösung, das Urteilsvermögen und die motorische Funktion verantwortlich.
  - Die **Parietallappen** steuern das Empfinden, die Handschrift und die Körperposition.
  - Die **Temporallappen** sind verantwortlich für das Gedächtnis und das Hören.
  - Die **Okzipitallappen** enthalten das visuelle Verarbeitungssystem des Gehirns.

Die Biologie der Träume

Am Ende Ihrer Reise mit diesem Traum-Guide werden Sie feststellen, dass die Meinungen über die Bedeutung, die Funktion und den Nutzen von Träumen auseinandergehen. Demgegenüber herrscht dank jahrelanger wissenschaftlicher Forschung heute allgemeinhin Einigkeit darüber, *wie* wir träumen.

Während des Schlafs durchlaufen Körper und Geist fünf verschiedene Phasen: Wenn wir in Phase eins einschlafen, verlangsamt sich unsere Muskelbewegung, Atmung und Herzfrequenz werden langsamer und wir gehen in Phase zwei

HIRNANATOMIE

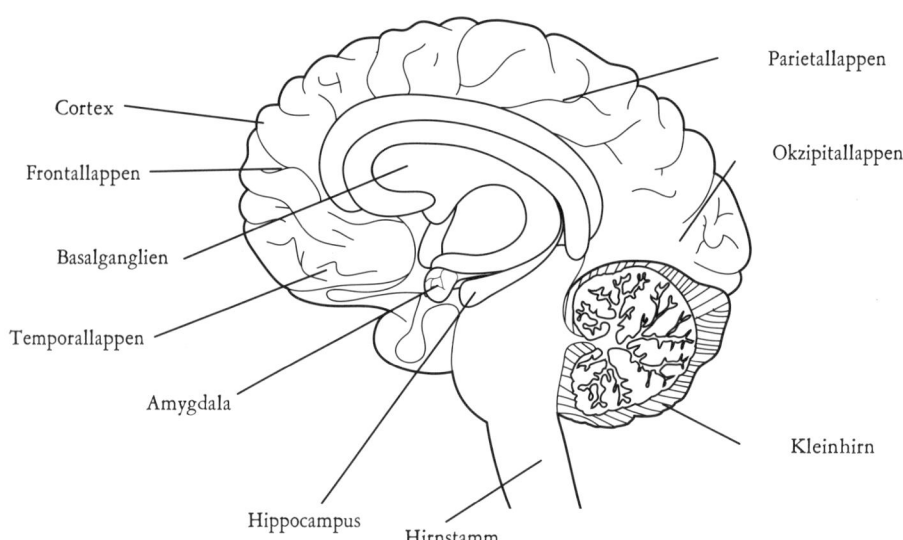

Parietallappen

Cortex

Okzipitallappen

Frontallappen

Basalganglien

Temporallappen

Amygdala

Kleinhirn

Hippocampus

Hirnstamm

über. Phase eins und zwei unseres Schlafzyklus dauern insgesamt etwa dreißig Minuten. In dieser Zeit können wir leicht wieder aufgeweckt werden. Muskeln und Gehirnwellen verlangsamen sich weiter, während wir zunehmend in einen tiefen Schlaf sinken. In der fünften Phase jedoch steigt unsere Herzfrequenz, unsere Gehirnwellen beschleunigen sich und hinter unseren geschlossenen Augenlidern zucken unsere Augen schnell – daher wird diese Phase als *rapid eye movement* (*schnelle Augenbewegung*) oder *REM* bezeichnet.

In dieser Phase – also etwa achtzig Minuten nach dem Einschlafen – beginnen wir zu träumen. Ungefähr 15 bis 35 Prozent unseres Schlafes verbringen wir in Phase fünf. Somit haben wir jede Nacht etwa vier oder fünf REM-Phasen. Die erste REM-Phase der Nacht dauert meist circa zehn Minuten, wobei jede weitere REM-Phase immer länger dauert – die letzte bis zu einer Stunde. Träume können auch während der anderen Schlafphasen auftreten, aber sie werden weniger lebhaft sein und es ist schwieriger, sich daran zu erinnern.

Gehirnwellen

Gehirnwellen sind elektrische Schwingungen in unserem Gehirn. Es gibt fünf Arten von Gehirnwellen – Gamma, Beta, Alpha, Theta und Delta (in der Reihenfolge von der höchsten bis zur niedrigsten Frequenz). Jede von ihnen hat einen bestimmten Zweck und bringt uns dazu, uns auf die eine oder andere Weise zu verhalten und zu denken. Diese Gehirnwellen sind auch im Schlaf aktiv – sie arbeiten sogar gleich stark wie im Wachzustand. Die Fähigkeit unseres Gehirns, flexibel zu sein und mühelos in jeden Hirnwellenzustand übergehen zu können, hat Einfluss darauf, wie wir mit Stress umgehen, uns konzentrieren und sogar schlafen. Unser Gehirn bewegt sich im Laufe des Tages von einer Art von Gehirnwelle zur nächsten und wieder zurück, und je nach Bewusstseinszustand ist eine dominanter als die anderen.

Gamma-Wellen

- Wichtig für das Lernen, das Gedächtnis und die Informationsverarbeitung.
- Menschen mit Lernschwierigkeiten weisen tendenziell eine geringere Gamma-Aktivität auf als andere.
- Gamma-Wellen lassen sich durch Meditation steigern.
- Zu viel Gamma-Aktivität kann Angst und Stress hervorrufen.
- Zu wenig kann zu Depressionen, Lern- und Gedächtnisproblemen führen.

Beta-Wellen

- Diese sind wichtig für bewusste und logische Denkprozesse.
- Kaffee, Energydrinks und Stimulanzien erhöhen die Betawellen.
- Zu viel Beta-Aktivität kann zu starker Erregung, Angst, Stress, einem hohem Adrenalinspiegel und Rastlosigkeit führen.
- Eine zu geringe Beta-Aktivität kann zu Depressionen, Tagträumen oder Wahrnehmungsstörungen führen.

Alpha-Wellen

- Alpha-Wellen helfen uns dabei, uns zu beruhigen und zu entspannen.
- Sie sind die Brücke zwischen bewusster Wahrnehmung und Schlaf.
- Extremer Stress kann eine „Alpha-Blockade" hervorrufen, bei der es zu einer übermäßigen Beta-Aktivität und ungenügend Alpha-Aktivität kommt.
- Überhöhte Alpha-Aktivität kann zu Tagträumen, Lethargie und übermäßiger Entspannung führen.
- Zu wenig Alpha-Aktivität kann Angst, Schlaflosigkeit und Stress auslösen.
- Einige Antidepressiva, Alkohol und Marihuana erhöhen die Alpha-Wellen.

Theta-Wellen

- Theta-Wellen stehen in Verbindung mit Tagträumen und erholsamem Schlaf, Emotionen und tiefen Gefühlen.

• Ein gesundes Maß an Theta-Aktivität verbessert die Intuition und Kreativität einer Person und kann sie mitunter in einen tief entspannten, halbhypnotischen Zustand versetzen.

• Überhöhte Theta-Aktivität kann Hyperaktivität, Impulsivität und Unaufmerksamkeit hervorrufen.

• Zu geringe Aktivität bewirkt Stress, Angst und emotionale Belastung.

Delta-Wellen

• Diese sind die langsamsten der fünf Gehirnwellen und bei Kindern und Babys aktiver.

• Mit zunehmendem Alter produzieren wir immer weniger Delta-Wellen.

• Sie stehen in Verbindung mit tiefer Entspannung und erholsamem, heilendem Schlaf. Sie regulieren auch Herzschlag und Verdauung im Schlaf.

• Delta-Wellen sind für das wohlige, erholte Gefühl verantwortlich, das wir mitunter nach einem guten Schlaf verspüren.

• Eine Gehirnverletzung kann zu einer zu hohen Delta-Wellen-Aktivität führen. Eine übermäßige Delta-Aktivität kann auch Lern- und Konzentrationsschwierigkeiten verursachen.

• Eine zu geringe Delta-Aktivität kann schlechten Schlaf, schlechte körperliche Widerstandskraft und Niedergeschlagenheit bewirken.

• Schlaf kann Delta-Wellen verstärken.

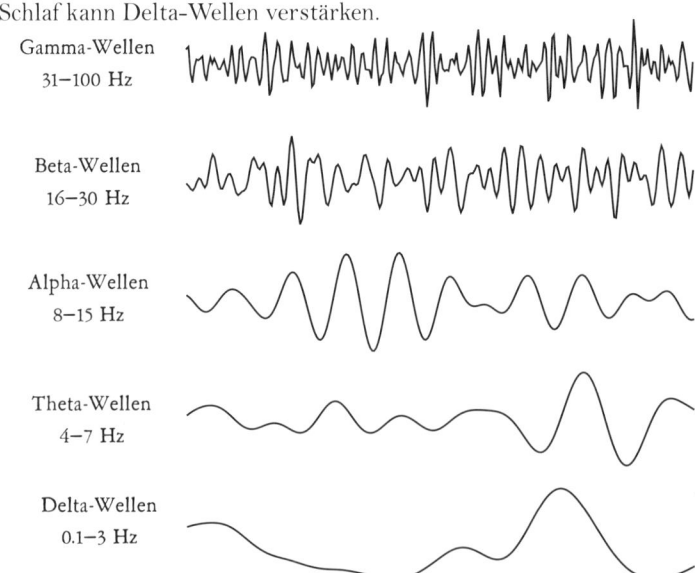

Gamma-Wellen
31–100 Hz

Beta-Wellen
16–30 Hz

Alpha-Wellen
8–15 Hz

Theta-Wellen
4–7 Hz

Delta-Wellen
0.1–3 Hz

Warum wir träumen

Auch wenn die Wissenschaft eine eindeutige Antwort darauf noch schuldig bleibt, warum wir träumen, gibt es zumindest eine Reihe faszinierender Theorien dazu.

Threat-Simulation-Theory

Diese Theorie erachtet das Träumen als einen alten biologischen Abwehrmechanismus im Gehirn, dank dessen der Menschen überleben und sich weiterentwickeln konnte. Einigen Wissenschaftlern zufolge simuliert unser Gehirn im Schlaf wiederholt Bedrohungen und Gefahren. Diese Wiederholung erhöht die neurokognitiven Fähigkeiten, die es uns ermöglichen, Bedrohungen und Gefahren zu erkennen und zu vermeiden. Im Grunde genommen helfen uns also beängstigende Träume dabei, dass wir auf Bedrohungen in der Umgebung aufmerksam werden und uns in Sicherheit bringen.

Je öfter tatsächlich bedrohliche Ereignisse von einer Person im Wachzustand erlebt werden, desto stärker ist ihre Reaktion darauf und desto wahrscheinlicher hat sie aggressive, beängstigende und bedrohliche Träume. Dies scheinen Untersuchungen eines finnischen Forschungsteams unter Leitung von Katja Valli zu bestätigen. Das Team analysierte den Trauminhalt schwer traumatisierter

kurdischer Flüchtlingskinder und nicht traumatisierter Kinder aus Finnland. Die traumatisierten Kinder berichteten über eine viel höhere Inzidenz schlimmer, bedrohlicher Träume als die nicht traumatisierten Kinder.

Aktivationssynthese-Theorie

Die Harvard-Wissenschaftler Allan Hobson und Robert McCarley veröffentlichten 1977 ihre Aktivationssynthese-Theorie. Dieser zufolge haben Träume eigentlich gar nichts zu bedeuten. Es handle sich lediglich um elektrische Hirnimpulse, die zufällige Bilder, Erinnerungen und Gedanken im Schlaf zusammenführen. Ein Traum ist der Versuch unseres Hirns, sich einen Reim aus all den unterbewussten Aktivitäten zu machen. Unser Hirn ist auch im Schlaf aktiv (siehe Abschnitt über Gehirnwellen zuvor). Die Zusammenführung der Bilder und Gedanken ist Teil des Prozesses, mit dem unser Gehirn während des Schlafs „Ordnung macht" – um alle tagsüber stimulierten neuralen Aktivitäten zu organisieren und abzulegen.

Im Schlaf, besonders in der REM-Phase, werden bestimmte Schaltkreise im Hirn aktiviert, wodurch das limbische System reger wird. Die Teile des limbischen Systems, die mit Emotionen, Gefühlen und Erinnerungen zusammenhängen, werden besonders angeregt. Laut Aktivationssynthese-Theorie ist das Gehirn darauf programmiert, Dingen einen Sinn zu verleihen. Daher versucht es, Bedeutungen für die aktivierten Gefühle, Emotionen und Erinnerungen zu finden, was zu Träumen führt.

Nachdem sie einen Traum erlebt haben und aufgewacht sind, konstruieren Personen „Traumgeschichten" oder Interpretationen ihrer Träume, um sie zu verstehen und ihnen so einen Sinn zu geben.

Laut Hobson haben die meisten Träume fünf Merkmale gemeinsam:

1. **Intensive Emotionen.** Unsere Träume können manchmal intensive Emotionen hervorrufen, besonders Angst und Schrecken, aber auch Überraschung. Diese können unseren Traum und Schlaf unterbrechen und uns abrupt aufwachen lassen.

2. **Chaos und Unsinn.** Viele unserer Träume sind schlichtweg bizarr: Sie haben keinen Anfang oder kein Ende, sind widersprüchlich in puncto Zeit und Ort und drehen sich um Menschen, die einander in der realen Welt noch nie begegnet sind.

3. **Die Akzeptanz seltsamer Trauminhalte.** Beim Träumen neigen wir dazu, das Geschehen zu akzeptieren und die Logik des Traums nicht in Frage zu stellen. Selbst wenn wir nach dem Aufwachen eine Weile verwirrt und nachdenklich sind (sofern wir uns an den Traum erinnern), gehen wir meist rasch zur Tagesordnung über, ohne den Trauminhalt näher zu ergründen.

> Das Gehirn ist so unerbittlich auf die Suche nach Sinn ausgerichtet, dass es selbst dann Sinn zuschreibt und kreiert, wenn die Daten, die es verarbeiten soll, keinen oder nur wenig Sinn enthalten.
>
> —Allan Hobson

4. **Seltsame Empfindungen.** Träumende erleben oft seltsame Empfindungen, von der Fähigkeit zu fliegen, über das Gefühl, von einer Klippe zu fallen, bis zur Bewegungsunfähigkeit. Im Traum haben wir oft Empfindungen, die wir im bewussten Zustand nicht spüren.

5. **Schwer zu erinnern.** Die Erinnerung an einen Traum schwindet rasch nach dem Aufwachen. Rund 95 Prozent der Träume werden beim Aufwachen vergessen.

Informationsverarbeitungstheorie

George Miller entwickelte in den 1950er-Jahren die Informationsverarbeitungstheorie. Diese vergleicht das menschliche Gehirn mit einem Computer und besagt, dass die Informationen, die wir dem Gehirn geben (Emotionen, Bilder, Gefühle, Erfahrungen) in unser Kurz- und Langzeitgedächtnis gefiltert werden. Laut Miller werden diese Erinnerungen während des Schlafs in unserem Gehirn organisiert und abgelegt. Unsere Träume sind also genau das: Wie unser Gehirn unsere Erinnerungen organisiert. Diese Theorie wurde auch als Selbstorganisationstheorie bekannt, da sie unsere Erinnerungen nach Bedeutung oder Wert einordnet. Wenn wir also träumen, werden nützliche, gute, wichtige oder wertvolle Erinnerungen gefestigt, während die weniger wertvollen verblassen.

Millers Arbeit hat weitere Forschungsarbeiten nach sich gezogen, darunter Studien, denen zufolge wir unsere Fähigkeiten hinsichtlich komplexer Aufgaben verbessern, je mehr wir von ihnen träumen. So können wir zum Beispiel bessere Autofahrer werden, wenn wir oft vom Autofahren träumen. Dies ergibt Sinn, angesichts der Tatsache, dass anderen Studien zufolge während des REM-Schlafs (der Phase, in der Träume auftreten) niederfrequente Theta-Wellen vorherrschen – gleich wie wenn wir uns im Wachzustand Informationen einprägen. Diese Ansicht wird jedoch nicht von allen Neurobiologen geteilt.

Reverse Learning

1983 stellten Francis Crick und Graeme Mitchison die Theorie auf, dass das Gedächtnissystem des Gehirns schnell überladen sei (man denke nur an all die Aufgaben und Unmengen an Informationen, die täglich zu verarbeiten sind). Infolgedessen füllt sich unser Gehirn mit „kognitivem Schutt", wie sie es nennen – zahllose überflüssige Daten, die die Systeme des Gehirns verstopfen. Um diesen kognitiven Schutt zu beseitigen, erleben Menschen einen „traumbeladenen" REM-Schlaf. Crick und Mitchison kamen daher zu dem Schluss, dass Träume keinen anderen Zweck haben, als das Gehirn von unnötigen Erinnerungen zu befreien. Wir träumen also, um zu vergessen – eine Form des umgekehrten Lernens, bei der wir die Erfahrungen verlernen, an die wir uns nicht erinnern müssen.

Emotionsregulationstheorie

Dieser Theorie zufolge träumen wir, damit wir mit unseren Emotionen in einem sicheren Raum, nämlich im Schlaf, verarbeiten können. Bei besonders lebhaften Träumen sind die Amygdala und der Hippocampus im Gehirn äußerst aktiv. Dabei handelt es sich um jene Bereiche, die am engsten mit der Verarbeitung von Informationen und ihrer Verschiebung vom Kurz- ins Langzeitgedächtnis verbunden sind. Daher die Theorie, dass wir die Traumzeit nutzen, um Emotionen und Erinnerungen zu sortieren – und die momentan unnützen ins Langzeitgedächtnis zu verschieben. Ähnliche Untersuchungen stützen diese Hypothese und haben einen Zusammenhang zwischen unserer Fähigkeit, unsere Emotionen zu kontrollieren und zu verarbeiten, und der Menge an REM-Schlaf festgestellt. Je tiefer wir also anscheinend schlafen und je öfter wir in die REM-Phase eintreten und somit träumen, desto besser können wir mit unseren Emotionen umgehen.

Eine letzte biologische Theorie besagt, dass Träume eine Reaktion auf externe Reize sind. Daher reißt uns beispielsweise Lärm aus der realen Welt wie ein bellender Hund oder das Weinen eines Babys nicht immer aus dem Schlaf. Manchmal versucht unser Gehirn aber, den Lärm zu interpretieren und sich einen Reim daraus zu machen. Dadurch entstehen Träume, in denen diese Geräusche oder deren Verursacher vorkommen.

❄ ❄ ❄

2.

DIE PSYCHOLOGIE DER TRÄUME

Seit Hunderten von Jahren beschäftigen sich Psychologen mit Träumen und deren Ursache, Funktion und Bedeutung. Alle großen Denkschulen und einige der bekanntesten Psychologen haben verschiedene Erklärungen für Träume und deren Herkunft entwickelt.

Der psychodynamische Ansatz

Der psychodynamische Ansatz ist eine Theorie, die mit Sigmund Freud (1856-1939) und seinen Anhängern in Verbindung gebracht wird. Ihm zufolge basiert das menschliche Verhalten auf der Interaktion zwischen bewussten und unbewussten Antrieben und Kräften in einem Individuum. Ein Grundprinzip des psychodynamischen Ansatzes besagt, dass unser Verhalten, unsere Emotionen und unsere Gefühle von unbewussten Motiven und unseren vergangenen Erfahrungen beeinflusst werden. Die Erinnerungen an diese sind in unserem unbewussten Verstand gespeichert.

Freud war Psychoanalytiker, und seine Theorien basieren auf den Erlebnissen der Patienten, die bei ihm wegen Depressionen und Angststörungen in Therapie waren. Träume waren von besonderem Interesse für Freud. In seinem berühmten

Werk *Die Traumdeutung* (1899) behauptete er, dass Träume symbolische „Ausbrüche" aus unserem tiefen Unbewussten seien. Er glaubte, dass unsere wahren Wünsche in unserem Unbewussten verborgen sind und dass diese unterdrückten Wünsche Ausdruck in unseren Träumen finden.

Sigmund Freud

Freud zufolge gibt es für jeden unserer Träume zwei Interpretationen, nämlich den „manifesten Inhalt" (den Inhalt, an den wir uns beim Aufwachen erinnern) und den „latenten Inhalt" (die eigentliche, zugrunde liegende Bedeutung des Traums). Ein Traumanalytiker oder -deuter könne zwischen den beiden unterscheiden – daher lohnt es sich, einen Traum deuten zu lassen. Darüber hinaus vertrat er die Position, dass jeder Traum eine Verbindung, so gering sie auch sein mag, zu einem Erlebnis des Träumenden hat. Schließlich stellen seiner Auffassung nach Träume eine Art Bilderrätsel dar, die durch Deutung zu entschlüsseln sind.

Die meisten Menschen haben mehrere Träume pro Nacht, und Freud zufolge gibt es eine Verbindung zwischen dem Inhalt aller Träume, die während ein- und desselben Schlafes auftreten. Jeder Traum ist Teil desselben Ganzen – jeder mit den gleichen unbewussten Wünschen und Erfahrungen verbunden. Interessanterweise glaubte er, dass der erste Traum der Nacht wahrscheinlich der verzerrteste (und vielleicht auch am schwerste erinnerbare) sei und dass jeder nachfolgende Traum im Laufe der Nacht immer eindeutiger und offensichtlicher werde.

> Die Traumdeutung aber ist die Via regia zur Kenntnis des Unbewussten im Seelenleben.
>
> – Sigmund Freud

Der kognitive Ansatz

Die kognitive Psychologie untersucht, wie wir denken und Dinge verstehen. Der Traumwissenschaftler Calvin Hall (1909–1985) sammelte über Jahre hinweg mehr als 50.000 Traumaufzeichnungen aus der ganzen Welt. Daraus schloss er, dass Träume Repräsentationen dessen sind, wie wir uns selbst sehen, was wir über andere denken und wie wir die Welt betrachten. In seinem berühmten Werk *Traumdeutungen* (1953) behauptete er, dass die Bilder eines Traums

die konkreten Verkörperungen der Gedanken des Träumers seien. Diese Bilder verliehen dem Unsichtbaren, nämlich den Konzeptionen, visuellen Ausdruck.

Hall identifizierte fünf kognitive Strukturen und Einstellungen, die Träume aufdecken können:

1. **Konzeptionen des Selbst** – Wie wir uns selbst sehen, welche Rollen wir im Leben einnehmen.
2. **Konzeptionen von anderen** – Die Menschen in unserem Leben, wie wir auf ihre Bedürfnisse reagieren.
3. **Konzeptionen von der Welt** – Unsere Umwelt, wo wir leben, wie wir leben.
4. **Konzeptionen von Strafen** – Was ist erlaubt? Was ist akzeptabel? Was ist verboten?
5. **Konzeptionen von Konflikten** – Unser innerer Zwiespalt und wie wir damit umgehen, ihn zu aufzulösen.

Zum Beispiel träumen Sie vielleicht davon, alle Zähne zu verlieren. Während dies einerseits als unsinniger Traum abgetan werden könnte, könnten wir mit Hilfe des kognitiven Ansatzes zu dem Schluss kommen, dass es mit Ihrer Konzeption des Selbst zu tun hat – Sie sorgen sich über Ihr Aussehen.

Der humanistische Ansatz

Der humanistische Ansatz hat eine gewisse Ähnlichkeit zum oben erörterten psychodynamischen Ansatz. Beide vertreten die Ansicht, dass es beim Träumen um das tiefere Selbst eines Menschen geht. Den Humanisten zufolge haben Träume aber eine für jeden individuelle Bedeutung, die sich nicht verallgemeinern lässt. In unserem bewussten Leben streben wir ständig danach, uns zu verbessern und unser volles Potenzial zu erreichen. Darüber hinaus versuchen wir oft, uns einen Reim aus der verwirrenden Welt zu machen und Ordnung in unser Leben zu bringen. Diese Dinge werden in unsere Traumwelt übertragen, wo wir häufig in Gefahr sind oder vor einer Herausforderung stehen und unbewusst versuchen, Ordnung, Sinn und Bedeutung in unsere Träume zu bringen.

Der behavioristische Ansatz

Der behavioristische Ansatz stützt sich nicht auf mentale Prozesse, die nicht beobachtbar sind. Im Gegensatz zu anderen psychologischen Denkrichtungen konzentrieren sich Behavioristen (als Verhaltensforscher) also nicht auf die Erinnerungen oder Wünsche, die von Träumen repräsentiert werden. Stattdessen wird ein Traum als eine individuelle Reaktion auf die Stimulation aus der Umgebung wie etwa Lärm, Vibrationen, Unbehagen oder sogar das Wetter gesehen.

Carl Gustav Jung und Träume

C. G. Jung (1875–1961), Psychoanalytiker und ehemaliger Mitarbeiter Freuds, war fasziniert von der Erforschung der Träume. Er gelangte zu der Auffassung, dass Geist, Körper und Gefühle synchron zusammenarbeiten und das bilden, was er „die Psyche" nannte. Träume sind ihm zufolge ein Teil dieser Psyche. Nach Jung muss ein körperlich und geistig gesunder Mensch im Gleichgewicht sein – ein Ungleichgewicht führt zu Krankheiten wie Depressionen. Daher betrachtete er die Psyche als „sich selbst regulierendes System", in dem alle Elemente (Gedanken, Gefühle, der Körper) einen Zweck haben.

Carl Jung

Jung sah Träume als den Versuch der Psyche, dem Träumenden etwas mitzuteilen. Deshalb räumte er dem Träumen einen großen Stellenwert ein. Er widersprach Freuds These, dass es in Träumen um versteckte, unterdrückte Wünsche geht. Seiner Auffassung nach drücken Träume die Dinge sehr offen aus, denn „sie täuschen nicht, sie lügen nicht, sie verdrehen und vertuschen nicht... „Sie täuschen nicht, sie lügen nicht, sie verzerren nicht ... die Erfahrung zeigt nämlich, dass sie stets etwas auszudrücken bemüht sind, was das Ich nicht weiß und nicht versteht."

Er widersprach auch Freuds Ansicht, dass Träume gedeutet werden müssten, und schlug stattdessen vor, dass unsere Träume die bewussten und unbewussten Teile unseres Lebens durch die sogenannte *Individuation* zusammenführten – was sie für den Träumenden so individuell macht.

Psychologen werden sich wohl nie einig sein, ob Träume einem wirklichen Zweck dienen. Die Traumdeutung liefert jedoch interessante Einblicke in unsere Psyche.

> Träume sind keine beabsichtigten und willkürlichen Erfindungen, sondern natürliche Phänomene, die nichts anderes sind, als was sie eben darstellen. Sie täuschen nicht, sie lügen nicht, sie verdrehen und vertuschen nicht, sondern verkünden naiv das, was sie sind und meinen. Sie sind nur darum ärgerlich und irreführend, weil wir sie nicht verstehen.
>
> – Carl Jung

✻ ✻ ✻

3.

TRÄUME UND SPIRITUALITÄT

Lange bevor die Wissenschaft mit der Erforschung von Träumen begonnen hat, beschäftigten sich bereits verschiedene Religionen auf unterschiedliche Weise mit Träumen. Ob es sich um Initiationsriten handelte oder um die Herstellung einer Verbindung zwischen Träumen und Glaubensvorstellungen, Moral und Schicksal – es gibt kaum eine Religion, die sich nicht der Traumwelt bedient hätte, um das zu erklären, was mitunter unerklärlich ist.

Im Islam

Dem Islam zufolge verlassen unsere Seelen im Schlaf teilweise oder vorübergehend unsere Körper. Der Akt des Schlafens ist ein kleiner Tod, bei dem der Körper zwar präsent, die Seele aber woanders ist.

Der Islam unterteilt Träume in drei Arten:

1. Eine Vision oder ein wahrer Traum, der von Gott kommt.
2. Ein falscher Traum vom Teufel.
3. Ein bedeutungsloser, gewöhnlicher Traum aus unseren unterbewussten Gedanken.

Eine Vision

Wahre Träume werden entweder denen zuteil, die rechtschaffen sind, oder denen, die spirituell von der Botschaft profitieren werden, die ihnen über die Vision vermittelt wird.

Ein falscher Traum

Das ist normalerweise ein Albtraum, der vom Teufel geschickt wird und den man nicht weitererzählen soll. Die Gläubigen werden angewiesen, im Falle eines solchen Traums Zuflucht bei Gott zu suchen und dreimal über die linke Schulter zu spucken.

Ein bedeutungsloser Traum

Dieser unterscheidet sich von der Vision und vom falschen Traum durch die Art, wie sich der Empfänger dabei fühlt. Eine Vision lässt den Träumenden ein Gefühl der Inspiration von Gott spüren, während ein falscher Traum ein beängstigendes Gefühl erzeugt. Ein bedeutungsloser Traum hingegen verursacht kein besonderes Gefühl und wird wahrscheinlich nicht erinnert.

Déjà-vu

Hatten Sie schon einmal das Gefühl, dass Ihnen eine bestimmte Situation oder ein bestimmter Ort seltsam vertraut vorkam, so als hätten Sie die Situation schon einmal erlebt oder als wären Sie schon einmal an dem Ort gewesen? Der Islam hat sich eingehend mit dem Thema Déjà-vu auseinandergesetzt. Er lehrt, dass die Zeit eine Schöpfung Gottes ist, und somit die Zukunft nach Gottes Ansicht bereits geschehen ist. Gott vermag jemanden in die Zukunft und dann zurück in die Gegenwart zu befördern. Die Person lebt normal, bis sie das Déjà-vu erlebt und das Gefühl hat, wieder an diesem Ort oder in dieser Zeit angelangt zu sein.

Im Christentum

Nach christlichem Glauben besteht der Zweck von Träumen darin, uns Gott näher zu bringen. Träume zeigen uns nämlich, wie wir die Dinge vermeiden können, die zwischen uns und Gott kommen. Sie können auch enthüllen, was wir brauchen oder welchen Weg wir im Leben einschlagen sollten. Gott will, dass wir glücklich sind und Vertrauen in ihn haben. Nach einem verstörenden Traum sollte man also zu Gott beten und um Klärung bitten. Man wird eine Antwort erhalten, auch wenn es eine Weile dauern kann, bis diese durchdringt oder klar wird.

Das erste Buch des Neuen Testaments erzählt von vier Träumen, die Josef im Zusammenhang mit der Geburt Jesu und dessen ersten Lebensjahren erhielt. Zuerst wird Josef verkündet, dass Marias Kind vom Heiligen Geist gezeugt wurde und dass er keine Angst haben solle, sie zu heiraten. Im zweiten Traum wird Josef aufgefordert, Bethlehem zu verlassen und nach Ägypten zu fliehen. Der dritte Traum sagt ihm, dass es sicher sei, nach Israel zurückzukehren, und der letzte leitet ihn an, nach Galiläa zu gehen und nicht nach Judäa.

Justin der Märtyrer, einer der frühesten christlichen Philosophen, glaubte, dass Träume von Geistern gesandt werden und untermauerte damit sein Argument, dass die menschliche Seele nach dem Tod des Körpers weiterlebt. Ihm zufolge ermöglichen Träume eine direkte spirituelle Kommunikation mit nicht-physischen Realitäten. Irenäus von Lyon vertrat dieselbe Auffassung und nutzte sie, um den Glauben an die Wiedergeburt zu widerlegen. Seiner Argumentation nach würden wir uns, wenn es eine Wiedergeburt gäbe, an unsere Träume aus früheren Leben erinnern.

Im Laufe der Jahrhunderte vertrat das Christentum immer wieder unterschiedliche Auffassungen zu Träumen. Thomas von Aquin, einer der bedeutendsten Theologen des Mittelalters, glaubte ursprünglich nicht an die Bedeutung von Träumen. Er argumentierte, dass die einzigen Quellen menschlichen Wissens Erfahrung und rationales Denken seien – keine Botschaften oder Visionen in einem Traum. Am Ende seines Lebens jedoch, mit Ende seines Hauptwerks *Summa Theologica*, erlebte er eine Vision in einem Traum, die er als Gotteserfahrung sah. Dieses Erlebnis erschütterte ihn bis ins Mark und brachte ihn zu der Aussage: „Ich kann nicht mehr, denn alles, was ich geschrieben habe, scheint mir wie Stroh zu sein im Vergleich mit dem, was ich gesehen habe und was mir offenbart worden ist."

Im Zuge der Reformation erfolgte die Spaltung des westlichen Christentums in Protestantismus und die römisch-katholische Kirche. Es kam auch zur Abwendung von Träumen und Visionen hin zu einem rationaleren Ansatz gegenüber der Kirchendoktrin. Dies ist im Wesentlichen die zentrale Ansicht der Kirche, ob protestantisch oder katholisch, geblieben. Doch glauben innerhalb der Religionsgemeinschaft immer noch Menschen, dass Gott in ihren Träumen zu ihnen spricht.

Die Offenbarung, die zu „Amazing Grace" führte

Im 18. Jahrhundert war John Newton ein angesehenes Mitglied der christlichen Kirche in England. Bevor er aber zum Glauben fand, war er als Sklavenhändler tätig gewesen. Eines Tages hatte er einen Traum, in dem er sich an Bord eines Schiffes im Hafen von Venedig befand. Eine Person näherte sich ihm, gab ihm einen Ring und warnte ihn, gut darauf achtzugeben, um gesund und glücklich zu bleiben. Dann erschien eine zweite Person, die ihn überredete, den Ring ins Wasser zu werfen, da es töricht sei, sich für sein Glück auf einen Ring zu verlassen. Sobald der Ring das Wasser berührte, brach ein Feuer in den Bergen über Venedig aus. Er war als in Versuchung geführt worden, Gottes Gnade wegzuwerfen. Folglich stand ihm nun das Feuer der Hölle bevor. Die erste Person holte jedoch den Ring aus dem Wasser. Das Feuer verlosch sogleich und die Person erklärte, dass man Newton den Ring nicht anvertrauen könne, er würde aber für ihn sicher für den Notfall aufbewahrt werden. Newton vergaß bald darauf den Traum, bis er sich Jahre später in einer gefährlichen Situation wiederfand. Er erinnerte sich an seinen Traum von einst, rief die Macht des Herrn an und überlebte. Später schrieb er den Text für die berühmte Hymne „Amazing Grace", die sich auf die Gnade Gottes bezog, die er selbst erlebt hatte.

Im Hinduismus

Auf Sanskrit, der Sprache des Hinduismus, wird der Traumzustand als *Svapna* bezeichnet. Er ist einer der vier Zustände des Bewusstseins:

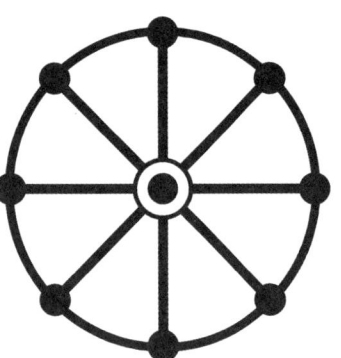

1. **Jagrat** – Wachbewusstsein.
2. **Supta** – traumloser Schlafzustand.
3. **Svapna** – Traumzustand.
4. **Turiya** – transzendentaler Zustand.

Dem Hinduismus zufolge gibt es sieben verschiedene Arten von Träumen:

1. **Drsta**– gesehen. Ein Traum, der Dingen ähnelt oder Dinge in Erinnerung ruft, die wir im Wachzustand gesehen haben.
2. **Sruta** – gehört. Ein Traum, in dem wir Geräusche hören können.
3. **Anubhuta** – erfahren. Träume, in denen wir uns unserer fünf Sinne bewusst sind.
4. **Prarthita** – innere Wünsche und Begierden. Wenn wir von etwas träumen, das wir uns im Wachzustand gewünscht haben.
5. **Kalpita** – Fantasie. Wenn unser Traum voller Fantasie und fantasievoller Symbole ist.
6. **Bhavita** – manifestiert. Ein Traum über ein tatsächliches Ereignis.
7. **Dosaja**– temperamentvoll. Ein Traum, der durch ein Ungleichgewicht in den Temperamenten oder Emotionen hervorgerufen wird.

Träume können weiter als *Aphala* (haben keinen Einfluss auf das Leben des Träumenden) oder *Phala* (haben einen Einfluss); und *subha* (ein angenehmer Traum) oder *Asubha* (ein unangenehmer Traum) kategorisiert werden.

Im Judentum

Im jüdischen Glauben sind Träume bedeutsam und können auch außerkörperliche Erfahrungen sein, die dem Empfänger wichtige Botschaften übermitteln. Im Talmud, dem Haupttext des Judentums, heißt es: „Alle Träume richten sich nach dem Munde." Die Bedeutung des Traums hängt also von dessen individueller Interpretation ab. Es gibt keinen positiven oder negativen Traum, da ein Traum bloß als positiv oder negativ *gedeutet* wird. Der Talmud besagt zudem, dass ein Traum so viel wie „ein Sechzigstel der Prophetie" sei. Man könnte daher sagen, dass es im Judentum einen Unterschied zwischen „gewöhnlichen" und prophetischen Träumen gibt. Ersterer ist offen für Interpretation durch den Träumenden, während zweiterer dem Träumenden Einblicke in die Zukunft gewährt. Dem Talmud zufolge gleicht ein Traum, der nicht gedeutet wird, einem ungeöffneten Brief. Daher sollten Jakob und andere Empfänger von Träumen die Bedeutung ihrer Träume erkunden.

Im Buddhismus

Eine zentrale Geschichte im Buddhismus handelt von einem Traum. Königin Maya, die Mutter Buddhas, träumte, dass ein sechsbeiniger Elefant mit einem seiner Stoßzähne durch ihre rechte Seite in sie eindrang. Das führte sodann zu einer unbefleckten Empfängnis. Die Königin interpretierte diesen Traum so, dass das daraus entstehende Kind (Buddha) zu einem Weltenherrscher werden würde.

Dem buddhistischen Weisen Nagasena zufolge gibt es drei organische Ursachen für Träume:

1. Wind.
2. Galle.
3. Schleim.

Im Buddhismus werden Träume als Schöpfungen des Geistes erachtet. Jeder einzelne Gedanke, den wir je hatten, ist in unserem Unterbewusstsein gespeichert. Während des Schlafes werden einige dieser Gedanken aktiviert und in unseren Träumen wiedergegeben. Andere Träume können durch innere oder äußere Einflüsse ausgelöst werden – etwa durch ein üppiges Mahl oder stürmisches Wetter. Das Unterbewusstsein reagiert auf diese Störungen in Form von Träumen. Diese beiden Formen von Träumen gelten im Buddhismus als unbedeutend und bedürfen keiner Deutung.

Prophetische Träume hingegen müssen sehr wohl gedeutet werden. Sie sagen dem Empfänger ein bevorstehendes, wichtiges Ereignis vorher. Sie werden uns von *devas* gebracht, den Geistern von Freunden, Familienmitgliedern und anderen, die nach ihrem Tod wiedergeboren wurden, aber für uns unsichtbar sind. Die Devas wachen über ihre Lieben und erscheinen ihnen in prophetischen Träumen, um sie zu warnen oder auf zukünftige Ereignisse oder auch gute Nachrichten vorzubereiten. Die Botschaften oder Warnungen sind eher symbolisch und metaphorisch – und müssen daher interpretiert werden.

Buddhisten glauben an *Karma* – Ursache und Wirkung. Ein Beispiel für Karma wäre, wenn du Gutes tust, wird dir Gutes widerfahren, aber wenn du Böses tust, musst du auf Schlimmes gefasst sein. Wenn das Karma „kurz vor der

Reifung" steht und die Reaktion auf unser Handeln in einem früheren Leben bevorsteht, kann einem Menschen ein lebhafter Traum erscheinen. Er ist Ausdruck dessen, was passieren wird, sei es gut oder schlecht. Das passiert nur gelegentlich und nicht jedem.

Als weitere für Buddhisten bedeutsame Form des Traums gilt jene, die entsteht, wenn zwei Individuen telepathisch miteinander kommunizieren. Hin und wieder, wenn der Geist ruht oder schläft und sich beide Menschen stark konzentrieren, schaffen sie es, durch einen Traum miteinander in Kontakt zu treten. Buddhas allerdings träumen nicht, da sie wahrhaft erleuchtet sind und keine Ängste, negativen Gedanken, Verlangen oder unerfüllten Wünsche haben, die einen Traum hervorrufen könnten.

✳ ✳ ✳

4.

TRÄUMENDE UND VISIONÄRE AUS ALTEN ZEITEN

Hier finden Sie einige Geschichten und Mythen über das Schlafen, über Träume und Visionen, angefangen bei den biblischen Träumen, die wir im vorherigen Kapitel gestreift haben, bis hin zu überlieferten Vorstellungen aus aller Welt. Auch wenn Visionen nicht dasselbe sind wie Träume – sie werden im Wachzustand erlebt – so haben sie eine traumähnliche Qualität und können als Wachträume beschrieben werden. Die folgenden Geschichten zeigen die Bedeutung (oder fehlende Bedeutung), die Träumen und Visionen in früheren Zeiten beigemessen wurde.

Träumende in der Bibel

Die Bibel beschreibt eine Reihe von Träumenden und deren Träume. Sie stammten den Berichten nach direkt von Gott oder von einem Boten des Herrn in Form eines Engels. Bei einigen Traumdeutern handelte es sich um Priester, bei anderen um Personen mit psychologischem Feingefühl, die alle angaben, das Wort Gottes zu kanalisieren. Jesaja und Ezechiel waren zum Beispiel beide für ihre prophetischen Träume bekannt. Ein Traumdeuter prophezeite Saul, dass er König von Israel werden würde.

Jakob und die Himmelsleiter

In dieser berühmten Geschichte aus dem Alten Testament erblickt Jakob in einer Traumvision eine Leiter, die bis in den Himmel führt, und auf der Engel auf und nieder steigen. Im Traum meint Gott auch zu ihm, dass ein Jahr nichts weiter als ein Tag sei. Dies könnte ein direkter Hinweis auf die sogenannte Direktion, eine Technik der Zeitbestimmung in der Astrologie, sein, die heute noch angewandt wird. Dabei werden anhand der Bewegung der Planeten während eines Tages die Veränderungen dargestellt, die sich im Laufe eines Jahres vollziehen.

Josef

Das Alte Testament erzählt auch von Josef, der mit seiner Prahlerei immer wieder den Unmut der anderen auf sich zieht. In Verbindung mit seiner Fähigkeit, seine eigenen prophetischen Träume zu inter-pretieren, sollte ihm dies bald zum Ver-hängnis werden.

In einem seiner Träume verneigen sich bei der Ernte die Getreidegarben seiner Brüder vor seiner. Er deutet dies seiner Familie gegenüber als ein Zeichen dafür, dass sich seine Brüder eines Tages ihm unterwerfen werden, und macht sich damit natürlich bei seinen Brüdern nicht gerade beliebt.

In einem weiteren Traum verneigen sich auch Sonne, Mond und elf Sterne vor ihm. Das wird von seinem sonst nach-sichtigen Vater Jakob als eine weitere dreiste Botschaft gedeutet, dass seine Eltern und Brüder sich vor ihm verneigen müssen. Die Brüder hegen immer mehr Groll gegen Josef und bringen ihn nach Ägypten, wo er zum Sklaven wird. Etwas später landet Josef im Gefängnis, wo er erfolgreich die Träume einiger anderer Insassen interpretiert. Dieses Talent kommt dem Pharao zu Ohren, der selbst von ein paar sehr hartnäckigen Träumen geplagt wird. Josef interpretiert diese für den Pharao und wird in Folge Teil des Hofstaates , wo er schließlich ein hohes Amt bekleidet.

Der Traum des Pharaos

Das Alte Testament der Bibel berichtet von zwei Träumen, die Josef für den Pharao interpretiert. Im ersten träumt der Pharao, dass er am Nil steht.

und aus dem Wasser stiegen sieben schöne, fette Kühe; die weideten im Grase. Und siehe, nach diesen stiegen sieben andere Kühe aus dem Wasser; die waren hässlich und mager und traten neben die Kühe am Ufer des Nils. Und die hässlichen und mageren Kühe fraßen die sieben schönen, fetten Kühe. Da erwachte der Pharao. Und er schlief wieder ein. Und ihm träumte abermals: Sieben Ähren wuchsen aus einem Halm, voll und dick. Und siehe, sieben dünne Ähren gingen auf, die waren vom Ostwind versengt. Und die mageren Ähren verschlangen die sieben dicken und vollen Ähren. (Genesis 41, 2-7)

Josef erzählt dem Pharao, dass beide Träume dieselbe Bedeutung haben: Es wird sieben Jahre lang reiche Ernten geben, gefolgt von sieben Jahren Hungersnot. Er schlägt dem Pharao vor, Amtleute zu ernennen, die dafür sorgen, dass die Menschen 20 Prozent jeder Ernte während der guten Jahre beiseite legen, damit sie die schlechten Zeiten überdauern.

Der Pharao beherzigt Josefs Rat und sein Volk überlebt die harten Zeiten. Die Bewohner der umliegenden Länder, darunter auch seine Familie, sind jedoch gezwungen, sich an Josef zu wenden, um das zum Überleben Notwendige zu kaufen. Sie haben ihren jüngeren Bruder seit Jahren nicht gesehen, sodass sie ihn nicht er-

kennen, als sie sich respektvoll vor dem „ägyptischen Beamten" verbeugen. Natürlich hilft Josef ihnen, und nach ein paar weiteren Abenteuern bringt er die ganze Familie weg von der armen Gegend, in der sie lebten, und ermöglicht ihnen ein angenehmes Leben in Ägypten. Mit ziemlicher Sicherheit vergab Josefs Familie ihm letzten Endes wohl seine jugendliche Arroganz und Unverschämtheit.

Der Heilige Franz von Assisi

Nicht ganz biblisch, aber gewiss christlich: Franz von Assisi war als Soldat auf dem Weg in den Kampf, als ihn eine Vision zur Umkehr bewog. Darin sagte Christus zu ihm: „Franziskus, Franziskus, geh und baue mein Haus wieder auf, das, wie du siehst, ganz und gar in Verfall gerät." Franziskus glaubte, dass damit die verfallene Kirche gemeint war, in der er betete. Also stahl er Tücher aus dem Geschäft seines Vaters und verkaufte sie, um die Reparaturen bezahlen zu können. Als der Priester sich weigerte, die unrechtmäßig erworbenen Gelder für die Reparaturen zu  nehmen, warf Franziskus die Münzen fort. Später entschied er sich für ein Leben in Armut und gründete mehrere Franziskanerorden, deren Mönche und Nonnen den sanften ursprünglichen Lehren Christi folgten und sich von der Macht und dem Pomp abwandten, die die etablierte Kirche mittlerweile prägten.

Mythen und Legenden

Quer durch die Geschichte finden sich zahllose Mythen und Legenden, die sich um Träume, Träumende und die schlafende Welt drehen.

Somnus

Somnus war in der römischen Mythologie der Gott des Schlafes, der Zwillingsbruder des Todes und der Sohn der Nacht. Er lebte in einer dunklen Höhle im äußersten Westen, wo die Sonne unter und, nach alter Denkweise, ausgeht. Lethe, der Fluss des Vergessens, floss in der Nähe, Mohnblumen und andere schlaffördernde Pflanzen gediehen in der Umgebung. Somnus wird als schlafender Jugendlicher mit einem Mohnzweig dargestellt.

Wunschträume

Mohnblumen werden seit der Antike als Heilmittel
gegen Schlaflosigkeit eingesetzt und bewirken ganz
nebenbei angenehme Träume. Opium stammt aus dem
Saft des Schlafmohns, und bekanntlich verursacht das
Rauchen von Opium mittels Pfeife fantastische Träume. Daher kommt im Englischen die Redewendung
eines „pipe dreams" (wörtlich: Pfeifentraums) für einen
unerfüllten wie unerfüllbaren Wunschtraum.

Hermes und Morpheus

Dem Götterboten Hermes wurden magische Kräfte über Schlaf und Träume
zugeschrieben. Morpheus galt als Gott der Träume, da er der Sohn von Hypnos,
dem Gott des Schlafes, war. Er besaß die Fähigkeit, die Träume der Schlafenden
zu formen und menschliche Gestalten darin erscheinen zu lassen.

Odin

Der nordischen Legende nach hängte sich Odin neun Tage und Nächte lang kopf-
über an einem Baum auf, ohne zu essen oder
zu trinken. In Trance nahm er seltsame Formen wahr, die sich zwischen den Wurzeln des
Baumes bildeten. Diese wurden zu Runen,
die sowohl eine alte Form eines Alphabets als
auch ein System der Wahrsagerei sind.

Endymion

Endymion, der König von Elis, war von solch
unglaublicher Anmut, dass sich Selene, die
griechische Göttin des Mondes, in ihn ver-
liebte. In einigen Versionen der Erzählung
gebar sie ihm fünfzig Kinder und ließ ihn dann in einen ewigen Schlaf sinken, um
ihn auf immer für sich zu haben. Anderen Überlieferungen zufolge soll Endymion
sich entschieden haben, ewig zu schlafen, um niemals zu altern.

Das erste Traumbuch

Der aus Ephesos stammende Philosoph
Artemidorus, der von 138 bis 180 n. Chr.
in Rom lebte, verfasste fünf Bücher zum
Thema Träume. Er glaubte, dass dem
Menschen Träume zu seinem Nutzen
und zur Wissenserweiterung gegeben
wurden. Sein Werk wurde vielfach über-
setzt, und vieles davon hat bis heute
nicht an Relevanz eingebüßt.

Das Orakel von Delphi

Im antiken Griechenland konnten die sterblichen Orakel die Botschaft der Götter
im Apollontempel in Delphi übermitteln. Die Orakel waren weibliche Jungfrauen,
die sich in eine halluzinogene Trance versetzen mussten, indem sie „magische"
Blätter kauten oder diese in ein Feuer warfen und den Rauch einatmeten. Im Zustand der Trance gaben sie Botschaften von sich, die Spielraum für allerlei Interpretationen ließen.

EIN MODERNER TRAUMDEUTER: EDGAR CAYCE

Edgar Cayce (ausgesprochen Casey) war ein unglücklicher junger Mann,
der seinen Lebensunterhalt mit dem Verkauf von Enzyklopädien bestreiten
musste. Eines Tages verlor er seine Stimme, und die Ärzte konnten ihm
nicht helfen. Ein Hypnotiseur auf einem Rummelplatz aber versetzte ihn in
eine Trance, bei der Cayce selbst die Ursache seiner Krankheit diagnosti-
zierte. Später lernte er, sich in Trance zu versetzen und korrekte Diagnosen
und ganzheitliche Heilmethoden zu erstellen. Als der „schlafende Pro-
phet" wurde er zu einem bekannten Trance-Medium und gestattete sogar
ausführliche Untersuchungen an sich.

Nostradamus

Nostradamus ist für seine Sammlung von Prophezeiungen, die sogenannten *Centurien*, bekannt. Als Studierender des Okkulten blickte
er für seine Prophezeiungen auf eine Schüssel
mit Wasser und Kräutern und fiel in eine tiefe
Trance, in der er Visionen hatte. Sein Buch
ist voll mystischer prophetischer Verse, die
eingehender Interpretation bedürfen. Im Laufe
der Jahrhunderte meinten aber immer wieder
viele, dass sich Nostradamus' Prophezeiungen
bewahrheitet hätten, so etwa in Form von Er-
eignissen wie dem Großen Brand von London oder dem Einsatz der Atombombe
im Zweiten Weltkrieg

Jeanne d'Arc

Jeanne d'Arc (ca. 1412–1431), auch die Jungfrau
von Orléans genannt, hatte bereits im Alter von 13
Jahren erste Visionen, in denen sie Stimmen hörte.
Sie glaubte, dass der Erzengel Michael, Katharina
von Alexandrien und die Heilige Margareta sie
anriefen, dem Dauphin und späteren König von
Frankreich, Karl, zu helfen. Sie überzeugte den
König davon, sie die französischen Truppen zu
einem entscheidenden Sieg über die Engländer im
Hundertjährigen Krieg führen zu lassen, womit
Englands Ansprüche auf einen Teil Frankreichs
beendet wurden. Ihre Entschlossenheit brachte
sie durch einige bedeutende Schlachten. Nach dem
Scheitern ihrer Belagerung von Paris 1431 jedoch
wurde sie von den Burgundern gefangen genom-
men, als Ketzerin angeklagt und auf dem Scheiterhaufen verbrannt. Ein Viertel-
jahrhundert später wurde Jeanne von der katholischen Kirche für unschuldig
erklärt und 1920 von Papst Benedikt XV. heiliggesprochen.

❋ ❋ ❋

TEIL II
TRÄUME UND IHRE BEDEUTUNG

5.

IHR
TRAUMLEBEN

Ob Sie sich nun an Ihre Träume erinnern oder sie lieber vergessen wollen – hier erfahren Sie, was Sie dafür tun müssen. Wenn Sie schöne Träume haben oder mit den Arten von Träumen experimentieren möchten, die sich hervorrufen und mitunter sogar kontrollieren lassen, finden Sie hier einige wissenschaftliche (und weniger wissenschaftliche) Techniken, die Sie selbst ausprobieren können.

So erinnern Sie sich leichter an Ihre Träume

Es kann frustrierend sein, mit einer vagen Erinnerung an einen Traum aufzuwachen (ob er nun glücklich, beängstigend oder schlichtweg seltsam war) und ihn im nächsten Moment nicht mehr rekonstruieren zu können. Studien zufolge vergessen wir 90 Prozent unserer Träume innerhalb von zwei Minuten nach dem Aufwachen.

Natürlich möchten wir uns manchmal gar nicht an einen Traum erinnern, aber was, wenn Sie sich in einem Traum wirklich gut, sicher und geliebt gefühlt hat? Dann würden Sie ihn wohl gerne Revue passieren lassen.

Manche Menschen sind von ihren Traumwelten so fasziniert, dass sie alles daran setzen, ihr Erinnerungsvermögen an Träume zu verbessern.

Hier finden Sie einige Anregungen dazu:

- Sagen Sie sich beim Schlafengehen wiederholt (zwanzig bis dreißig Mal) vor, dass Sie sich an Ihre Träume erinnern werden.
- Rufen Sie sich beim Einschlafen einige Ihrer Träume in Erinnerung. Dies kann Ihren Geist darauf konzentrieren, sich an Träume zu erinnern oder zumindest mehr Aufmerksamkeit auf sie zu richten.
- Stellen Sie den Wecker so ein, dass er alle anderthalb Stunden ertönt. In diesem Fall ist es vielleicht besser, wenn Sie morgens nicht zur Arbeit müssen! So werden Sie dann aufgeweckt, wenn Sie die REM-Phase verlassen, und somit wahrscheinlich gerade geträumt haben.
- Legen Sie sich einen Stift und Notizblock griffbereit neben das Bett, damit Sie alles notieren können, was Ihnen auf Anhieb wieder einfällt.
- Führen Sie ein Schlaf- und Traumtagebuch und lesen Sie jede Nacht vor dem Einschlafen darin.
- Versuchen Sie, langsam aufzuwachen, damit Sie so lange wie möglich in einem traumartigen Zustand verbleiben.
- Wählen Sie Ihren Alarmton mit Bedacht. Ein schriller, lauter Ton reißt Sie aus dem Schlaf, sodass Sie sofort voll da sind. Es gibt jedoch wunderbare Wecker mit Vogelgesang oder anderen Naturgeräuschen, die sogar Sonnenlicht nachahmen und Sie sanft aufwecken.

Trauma, Stress und Träume

Viele Menschen, die chronischen Stress oder ein traumatisches Ereignis erlitten haben, berichten von Albträumen und lebhaften, wiederkehrenden Träumen. Diese Träume verstärken oft den empfundenen Stress und erzeugen das Gefühl, nicht einmal im Schlaf abschalten zu können.

Natürlich unterscheiden sich Stressniveaus und Reaktionen auf Traumata, wobei die schwerste Form die sogenannte posttraumatische Belastungsstörung (PTBS) ist. Dabei handelt es sich um eine gravierende Angststörung, die durch extrem stressige, beunruhigende oder erschreckende Ereignisse ausgelöst wird. Beispiele für solche Ereignisse sind Krieg, schwere Verkehrsunfälle, gewaltsame Übergriffe und traumatische Geburten. Neben anderen Symptomen, erlebt eine Person mit PTBS oft Flashbacks in Form von Albträumen und lebhaften Träumen. Laut Untersuchungen des National Center for PTSD haben bis zu 96 Prozent der Betroffenen regelmäßig Albträume, die sich meist um das ursprüngliche Trauma drehen. Diese Albträume können noch Monate oder gar Jahre nach dem Ereignis auftauchen. Die Betroffenen berichten von Angstträumen, bei denen sie laut aufschreien oder sich im Bett herumwälzen und schweißgebadet und mit Herzklopfen aufwachen.

Studien zu PTBS zufolge trifft bei den Betroffenen meist Folgendes zu:

• Geringere Schlafdauer als Nicht-Betroffene.
• Häufiges Aufwachen in der Nacht.
• Verminderter Tiefschlaf.
• Erhöhte REM-Schlafaktivität.
• Vermehrt unruhige Bewegungen der Gliedmaßen im Schlaf.

Personen mit PTBS brauchen oft medizinische und psychotherapeutische Hilfe, um ihre Albträume zu reduzieren.

Um einiges weiter verbreitet ist Alltagsstress, der nicht durch ein traumatisches Erlebnis ausgelöst wird. Sorgen um die Arbeit, finanzielle Schwierigkeiten und Beziehungsprobleme können allesamt zu übermäßigem Stress führen. Nach einem arbeitsreichen, stressigen Tag erlebt eine Person, die sich sehr unter Druck fühlt, oft lebhafte Träume, Albträume oder Schlafstörungen. Das liegt daran, dass der Geist an unseren realen Erfahrungen festhält und so unsere Gefühle über diese Ereignisse während des Schlafes reproduzieren kann. Es gibt mehrere Möglichkeiten, um Stress zu reduzieren und somit die Wahrscheinlichkeit unangenehmer und beunruhigender Träume zu verringern:

1. **Entspannen Sie sich vor dem Schlafengehen.** Schaffen Sie sich ein Ritual für sich selbst – vielleicht ein warmes Bad, Kerzen, sanfte Musik oder Lesen. Schalten Sie mindestens eine Stunde vor dem Schlafengehen alle elektronischen Geräte aus und meiden Sie soziale Medien.

2. **Nutzen Sie Ihr Schlafzimmer nur für Schlafen und Sex – sonst nichts.** Wenn Sie sich in den frühen Morgenstunden mit Sorgen herumquälen, stehen Sie auf und gehen Sie woanders hin, z. B. in ein anderes Zimmer. Lassen Sie nicht zu, dass Sie Ihr Schlafzimmer mit negativen Gefühlen, Stress oder Ängsten in Verbindung bringen.

3. **Praktizieren Sie Entspannungstechniken.** Yoga, Achtsamkeitsübungen, Meditation und Atemübungen eignen sich ideal zum Entspannen und als Vorbereitung aufs Einschlafen.

4. **Legen Sie eine „Grübel-Zeit" fest.** Wenn Sie sich ständig vorsagen, dass Sie sich keine Sorgen machen sollten, hat das genau den gegenteiligen Effekt! Legen Sie stattdessen täglich oder wöchentlich eine bestimmte Zeit fest, in der Sie sich ganz auf das konzentrieren, was Ihnen Sorgen bereitet – aber nicht im Schlafzimmer. Gut möglich, dass Sie tatsächlich Lösungen für Ihre Sorgen finden, indem Sie sich diese Zeit einräumen.

Luzide Träume

Es gibt zwei Definitionen von luziden Träumen. Die erste bezieht sich auf Träume, in denen man Klarheit darüber hat, dass man träumt und die Ereignisse nicht real sind, auch wenn sich alles real anfühlt. (Bei nicht-luziden Träumen sind sich Schlafende nicht bewusst, dass sie träumen und die Ereignisse erscheinen in dem Moment völlig real.) Die andere Definition eines luziden Traumes bezieht sich darauf, dass man vor dem Einschlafen darüber entscheiden kann, wovon man träumt. Manche Menschen, die regelmäßig luzide Träume haben, können ihren Traum bis zu einem gewissen Grad steuern – als ob sie ihn lenken würden.

„Simple" luzide Träume sind nicht ungewöhnlich, und mindestens 23 Prozent der Bevölkerung haben zumindest einen luziden Traum dieser Art im Monat. Weniger gewöhnlich ist es jedoch, einen Traum kontrollieren und lenken zu können. Wie alle Träume treten luzide Träume beider Arten in Phasen des REM-Schlafs auf, die durch einen sehr tiefen Schlaf, schnelle Augenbewegungen, eine schnellere Atmung und gesteigerte Gehirnaktivität gekennzeichnet sind.

Forschungen zufolge ist eine Aktivität im präfrontalen Cortex des Gehirns dafür verantwortlich, dass die träumende Person weiß, dass sie träumt. Die Teilnehmer verschiedener wissenschaftlicher Studien wiesen während des luziden Träumens Aktivitätsraten im präfrontalen Cortex auf, die mit Werten des Wachzustands vergleichbar waren.

Daher bezeichnen einige Forscher luzides Träumen als „hybriden Schlaf-Wach-Zustand". Der präfrontale Cortex des Gehirns ist der vorderste Teil des Gehirns und für anspruchsvolle Aufgaben wie das Treffen von Entscheidungen und das Abrufen von Erinnerungen verantwortlich. Einigen Forschern zufolge ist der präfrontale Cortex bei Personen, die regelmäßig luzide Träume haben, größer. Manche Forscher sind der Meinung, dass Personen mit einer Tendenz zu luziden Träumen eher über sich selbst reflektieren und Dinge gern überdenken.

Wie lassen sich luzide Träume erforschen? Bei den meisten Studien kommt ein Elektroenzephalogramm (EEG), ein Gerät zur Messung der Gehirnaktivität, zum Einsatz. Zur Aufzeichnung der Augenbewegungen (um sicherzustellen, dass sich die Versuchsperson im REM-Schlaf befindet) kann ein Elektrookulogramm (EOG) verwendet werden. Bei manchen Experimenten wurde die Versuchsperson (vor dem Schlaf) aufgefordert, im Schlaf bestimmte Augenbewegungen zu machen, um zu signalisieren, dass sie einen luziden Traum hat.

Wie man luzides Träumen lernt

Mancher Auffassung zufolge, lässt sich die Fähigkeit, einen luziden Traum zu steuern, erlernen oder fördern. Hierzu gibt es einige Tipps:

- **Traumtagebuch.** Durch die Aufzeichnung Ihrer Träume – welcher Art auch immer –, lenken Sie Ihre Aufmerksamkeit täglich neu aufs Träumen. Manche schwören auf diese Methode, um nach Belieben luzide Träume hervorrufen zu können.

- **Realitätstests.** Bei dieser Methode halten Sie mehrmals am Tag inne und prüfen, ob Sie gerade träumen oder wach sind. Fragen Sie sich, ob Sie wach sind oder versuchen Sie, etwas zu tun, das nur im Traum möglich wäre, z. B. Ihren Finger durch die Handfläche drücken! Die Theorie dahinter ist, dass dieses Hinterfragen durch Wiederholung im Laufe der Zeit ins Unterbewusstsein eindringt. Dadurch soll man im Schlaf in der Lage sein, den Unterschied zwischen luzidem und nicht-luzidem Traum zu erkennen und gegebenenfalls einen luziden Traum zu steuern.

- **Wake Back to Bed (WBTB, „Aufwachen und zurück ins Bett").** Stellen Sie den Wecker so ein, dass Sie nach vier oder fünf Stunden Schlaf aufgeweckt werden. Stehen Sie auf und gehen Sie nach dreißig bis vierzig Minuten wieder schlafen. Die Idee dahinter ist, dass man keinen ordentlichen Schlaf bekommt und die Störung den Schlafrhythmus aus dem Gleichgewicht bringt, was einen luziden Traum begünstigt.

- **Mnemonische Induktion luzider Träume (MILD).** Mit dieser Methode üben Sie, den Unterschied zwischen Traum und Realität im Schlaf zu erkennen. Sie müssen nach einer bestimmten Schlafphase (optimalerweise vier oder fünf Stunden) aufwachen und wiederholt sagen: „Wenn ich das nächste Mal schlafe, werde ich wahrnehmen, dass ich träume." Es wird angenommen, dass das wiederholte Üben, sich daran zu erinnern, etwas in Zukunft zu tun, luzide Träume auslösen kann.

Vorteile des luziden Träumens

Viele Menschen glauben, dass das Erleben luzider Träume einige Vorteile für den Alltag mit sich bringen kann. Dazu gehören:

- **Verminderte Angstzustände.** Es wird angenommen, dass die Fähigkeit zur Steuerung luzider Träume ein Gefühl von Selbstvertrauen und Kontrolle verursacht, das sich ins bewusste Leben übertragen lässt. Das Wissen, dass Sie den Anfang, die Mitte und das Ende eines Traumes nach Belieben gestalten können, gibt Ihnen das Gefühl, auch über Ihr reales Leben und reale Probleme die Kontrolle zu haben.
- **Gesteigerte Kreativität.** In einigen wissenschaftlichen Experimenten konnten Teilnehmer mit der Fähigkeit zu luzidem Träumen besser Ideen und kreative Lösungen für Probleme entwickeln als die anderen.
- **Verbesserte motorische Fähigkeiten.** Studien zufolge lassen sich bestimmte Fähigkeiten verbessern, indem diese in einem luziden Traum geübt werden. Als Beispiel diente im Experiment das Fingertapping, ein motorischer Test der Fingerbeweglichkeit; luzide Träumende, die dies im Traum übten, konnten die Bewegungen schneller als zuvor ausüben.

Gefahren des luziden Träumens

Luzides Träumen kann bei einige Menschen Probleme verursachen, darunter:

- **Schlafstörungen.** Luzides Träumen kann Ihren Schlaf stören und dazu führen, dass Sie sich am Morgen weniger ausgeruht fühlen. Bei einigen Trainingstechniken, insbesondere WBTB und MILD, werden Sie nach vier oder fünf Stunden absichtlich aus dem Schlaf gerissen, und es fällt Ihnen möglicherweise schwer, wieder einzuschlafen.
- **Auswirkungen auf die mentale Gesundheit.** Da der Unterschied zwischen Schlaf und Aufwachen verschwimmt, kann luzides Träumen bei einigen Personen psychische Probleme verursachen. Verwirrung, Delirium und Halluzinationen können als mögliche Nebenwirkungen auftreten.

Wie Sie sich selbst einen Albtraum bescheren!

Jeder zweite Erwachsene erlebt hin und wieder einen Albtraum. Vom Dach gestoßen, von einem wilden Tier gejagt, von einem Monster entführt oder das eigene Auto steuerlos einen Hügel hinabrollen sehen – das sind einige der Motive, die uns schweißgebadet und angsterfüllt aufwachen lassen.

Welche Faktoren können die Wahrscheinlichkeit eines Albtraums erhöhen? Hier ist ein (nicht ganz ernst gemeinter) Leitfaden, wie Sie sich selbst am besten einen Albtraum bescheren:

1. **Gruseln Sie sich vorm Schlafengehen.** Wir träumen oft von etwas, das uns tagsüber beschäftigt. Handelt es sich dabei um einen Horrorfilm, den wir kurz vorm Schlafengehen angesehen haben, können Sie sich den Rest denken!

2. **Trinken Sie Alkohol.** Alkohol reduziert zwar zunächst den REM-Schlaf und verhindert so, dass Sie in den ersten Stunden des Schlafs träumen, ein Übermaß an Alkohol jedoch kann später in der Nacht zu äußerst seltsamen und unheimlichen Träumen führen.

3. **Essen Sie üppige, stark gewürzte oder schwer verdauliche Speisen.** Es gibt verschiedene Mythen über den Zusammenhang zwischen Albträumen und bestimmten Lebensmitteln, von denen einige wissenschaftlich

widerlegt wurden. Trotzdem ist die Annahme immer noch weit verbreitet, dass üppige und stark gewürzte Speisen, die schwerer vom Körper verdaut werden können, wenn sie kurz vorm Schlafen gegessen werden, meist die ganze Nacht im Magen liegen und schlechte Träume auslösen. Gewürztes Essen erhöht auch die Körpertemperatur, was Albträume verursachen kann.

4. **Bringen Sie mehr Stress in Ihr Leben.** Ein hohes Maß an Stress gepaart mit Sorgen und Ängsten sind die perfekten Zutaten für schlechte Träume und Albträume.

5. **Nehmen Sie Vitamin B6 ein.** Offenbar erhöht Vitamin B6 den Serotoninspiegel im Blut, was lebhafte Träume verursachen kann, die oft lange im Gedächtnis bleiben.

6. **Schlafen Sie auf Ihrer linken Seite oder auf dem Bauch.** Untersuchungen der Shue Yan University in Hongkong haben ergeben, dass 41 Prozent der Personen die auf ihrer linken Seite schlafen, schlechte Träume und Albträume haben. Bei Personen, die auf der rechten Seite schlafen, sind es nur 15 Prozent. Diejenigen, die auf dem Bauch schlafen, träumen eher von Atembeschwerden oder vom Ersticken.

Wiederkehrende Träume

Wiederkehrende Träume sind extrem häufig und können wöchentlich, monatlich oder über Jahre hinweg auftreten. Es ist auch möglich, dass Sie den gleichen Traum bereits mehrmals hatten, bevor Sie sich überhaupt daran erinnern.

Ein wiederkehrender Traum kann sich zwar um alles drehen, es gibt jedoch bestimmte Themen, die besonders häufig vorkommen. Dazu gehören:

- Der Versuch, einen Flug zu erreichen.
- Einen Test oder eine Prüfung in der Schule oder an der Uni ablegen.
- Von Schlangen träumen.
- Verfolgt werden.
- Von einer Klippe fallen.
- Alle Zähne zu verlieren.
- Apokalyptische Träume.
- Autounfall oder Flugzeugabsturz.

Im nächsten Kapitel erfahren Sie mehr über mögliche Bedeutungen der Symbole in Ihren wiederkehrenden Träumen. Eins sollten Sie aber noch wissen: Wiederkehrende Träume werden oftmals durch Stress oder Erschöpfung ausgelöst. Manche glauben, dass ihre Funktion darin besteht, dem Empfänger eine Botschaft zu übermitteln. Ein Traumtagebuch, in dem Sie jeden Morgen als Erstes notieren, woran Sie sich erinnern können, kann Ihnen dabei helfen herauszufinden, was der Traum Ihnen zu sagen versucht. Aber beeilen Sie sich, denn wir vergessen 90 Prozent unserer Träume binnen zwei Minuten nach dem Aufwachen!

Präkognitive Träume

Schon einmal von einem schrecklichen Ereignis wie einem Autounfall geträumt, der bald darauf tatsächlich passiert ist? Oder von einem entfernten Cousin, der unangemeldet bei einem Familienessen auftaucht, und dies ist dann tatsächlich eingetreten? Präkognitive Träume müssen jedoch gar nicht so präzise sein. Gut möglich, dass Sie auch nur aus einem Traum mit einem seltsamen Gefühl der Vorahnung oder Angst erwachen und dann, irgendwann später, ein reales Ereignis eintritt, das bei Ihnen dasselbe Gefühl auslöst.

Genaue Zahlen zu Personen, die präkognitive Träume erleben, sind schwer zu ermitteln, zumal es auch davon abhängt, wie jemand einen Traum deutet. Diejenigen, die für psychische Erfahrungen offener sind, interpretieren ihre Träume eher als präkognitiv, während andere sich oft nicht einmal an einen solchen Traum erinnern.

Ein berühmtes Beispiel für einen präkognitiven Traum ist ein Traum des US-Präsidenten Abraham Lincoln aus dem Jahr 1865. Zwei Wochen vor seinem Tod träumte er von einer Beerdigung im Weißen Haus. Als er in seinem Traum fragte, wer tot sei, wurde ihm gesagt: „Der Präsident der Vereinigten Staaten." Zwei Wochen später wurde er ermordet.

TRÄUME VON KATASTROPHEN

Präkognitive Träume sind selten, aber sie kommen durchaus vor. Ein Ereignis beispielsweise, von dem viele praktizierende Hellseher im Vorhinein träumten, war der Angriff auf die Twin Towers in New York City am 11. September 2001.

Menschen, die offen für präkognitive Träume sind, sehen diese normalerweise als Warnung. Er bereitet den Träumenden auf ein zukünftiges Ereignis vor, sodass dieser unter bestimmten Umständen Gegenmaßnahmen treffen kann.

Nicht immer werden präkognitive Träume anerkannt, sondern es wird nach anderen Gründen gesucht, warum ein solcher Traum auftreten oder als solcher interpretiert werden kann. Was könnte also einen präkognitiven Traum auslösen? Die Wissenschaft hat drei mögliche Gründe ermittelt:

1. **Zufall:** Viele tun präkognitive Träume als Zufall ab. Je mehr Träume Sie haben und an je mehr Träume Sie sich erinnern, desto wahrscheinlicher ist es, dass etwas im wirklichen Leben passiert, das einem Erlebnis im Traum entspricht.

2. **Selektive Erinnerung:** Die Traumforschung hat gezeigt, dass sich Menschen eher an Ähnlichkeiten als an Unterschiede erinnern, wenn ein Ereignis im wirklichen Leben etwas widerspiegelt, das im Traum passiert ist.

3. **Verknüpfung von nicht zusammenhängenden Umständen:** Ein gutes Beispiel dafür wäre, dass Sie einen Traum haben, an den Sie sich nicht unbedingt erinnern können, der bei Ihnen jedoch ein Gefühl der Niedergeschlagenheit hinterlassen hat. Ein paar Tage später erfahren Sie, dass ein Bekannter von Ihnen gestorben ist, und Sie sind folglich traurig. Aufgrund der ähnlichen Emotionen in beiden Situationen könnten Sie versuchen, eine Verbindung zwischen dem Traum und dem Tod herzustellen.

Pavor nocturnus und Schlafwandeln

Beim Pavor nocturnus handelt es sich nicht um Träume im eigentlichen Sinn, sondern um eine Schlafstörung, von der ein kleiner Prozentsatz der Klein- und Schulkinder betroffen sind. Der Pavor nocturnus kann wie Albträume anmuten, da die Kinder im Schlaf oft wimmern, schreien und weinen. Sie schlagen panisch um sich und schrecken hoch, manchmal sind ihre Augen geöffnet, obwohl sie nicht wach sind. Ein solcher Anfall kann mehrere Minuten dauern und mehrmals pro Nacht auftreten. Die Betroffenen erkennen mitunter Bezugspersonen nicht, wenn diese versuchen, sie zu trösten. Es kann einige Zeit dauern, bis sie sich beruhigen. Glücklicherweise haben sie für gewöhnlich am nächsten Tag keine Erinnerung an den nächtlichen Schrecken.

Die genauen Ursachen dieser Störung sind zwar nicht bekannt, es wird jedoch angenommen, dass die folgenden Faktoren einen Anfall auslösen können:

- Erschöpfung
- Fieber
- Bestimmte Medikamente
- Angst
- Plötzlicher Lärm
- Eine volle Blase
- Aufregung

Sie sollten nicht versuchen, ein Kind während eines Anfalls aufzuwecken. Seien Sie einfach da, um es zu trösten, wenn es doch aufwacht.

Schlafwandeln

Das Schlafwandeln, auch Somnambulismus genannt, ist relativ häufig: Jedes fünfte Kind macht mindestens einmal diese Erfahrung. Es tritt nicht während des REM-Schlafs, also während der Traumphase, auf. Von Schlafwandeln spricht man, wenn

eine Person im Schlaf aufsteht, umhergeht oder sogar komplexe Aufgaben aus-
führt. Es sind sogar Extremfälle bekannt, in denen Personen das Haus verlassen
und mit dem Auto gefahren sind!

Die Augen einer schlafwandelnden Person sind in der Regel offen, oft ist sie
sogar zu einem Gespräch in der Lage, auch wenn dieses nicht viel Sinn ergibt.
Eine typische schlafwandlerische Episode dauert etwa zehn Minuten. Der Be-
troffene erinnert sich am nächsten Morgen normalerweise nicht mehr daran. Wie
beim Pavor nocturnus sollten Sie nicht versuchen, einen Schlafwandler aufzuwecken – sorgen Sie einfach dafür, dass er nicht in Gefahr gerät und wieder sicher
ins Bett zurückkehrt. Die genauen Ursachen sind nicht bekannt, aber neben den
oben genannten Auslösern für Pavor nocturnus kann die Einnahme von Drogen
und übermäßiger Alkoholkonsum eine Episode begünstigen.

Andere Schlafstörungen

Schlafstörungen können die Anzahl oder Qualität von Träumen mindern. Es wird
angenommen, dass Menschen mit den folgenden Störungen lebhaftere Albträume
haben als Personen mit normalem Schlaf.

- **Schlafapnoe:** Die Atmung setzt beim Schlafen mindestens zehn Sekunden aus.
- **Schlaflosigkeit:** Probleme beim Ein- oder Durchschlafen.
- **Narkolepsie:** Plötzliches Einschlafen zu unangemessenen Zeiten.
- **Schlaflähmung:** Das Gefühl, wach zu sein, sich aber nicht bewegen zu können.

✳ ✳ ✳

6.

DIE BEDEUTUNG VON TRÄUMEN

Bisher haben wir uns angeschaut, wie wir träumen und was Neurobiologen, Psychologen und Religionen über das Träumen sagen. Wir haben uns auch damit beschäftigt, wie alte Zivilisationen und Kulturen Träume sahen, aber was genau bedeutet es nun, wenn wir träumen, dass uns alle Zähne ausfallen? Sollen wir den Urlaub stornieren, weil wir von einem Flugzeugabsturz geträumt haben?

Während der Inhalt so mancher Träume logisch erscheinen mag, da die Handlung in einem linearen Muster abläuft, gibt es viele Träume, die voll unsinniger, willkürlich kombinierter Motive und Gegenstände zu sein scheinen. Aber muss ein Traum logisch sein, um etwas zu bedeuten, oder hat jeder Traum eine Bedeutung?

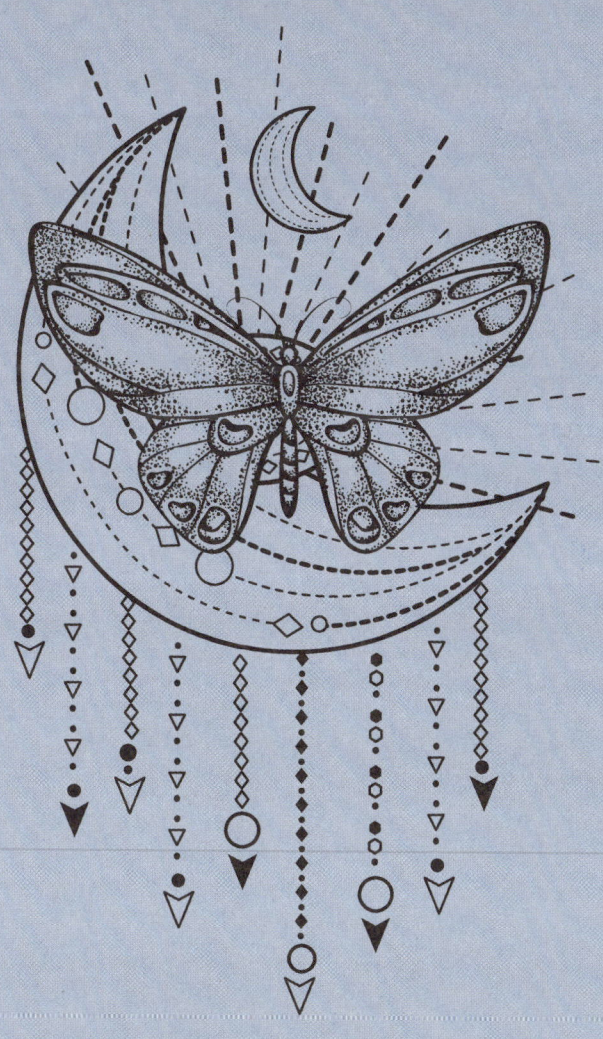

Hier nun einige der häufigsten Traumthemen und deren mögliche Bedeutungen, die auf der Psychologie hinter den Träumen und, in einigen Fällen, auf alten mystischen Bedeutungen und Überlieferungen basieren, die über Generationen weitergegeben wurden.

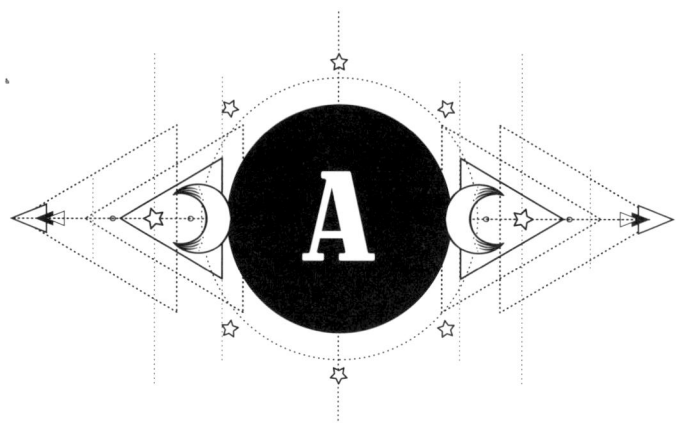

Abenteuer Träume von Abenteuern weisen auf eine Unzufriedenheit hin. Vielleicht fühlt sich Ihr Leben momentan zu langweilig an.

Abgrund Ein Abgrund symbolisiert Risiko. Im Traum bedeutet er, dass Sie nicht „den Sprung wagen". Ein Hindernis steht Ihnen im Weg und macht Ihnen Angst.

Abscheu Wenn Sie davon träumen, dass Sie jemanden hassen, haben Sie wahrscheinlich im wirklichen Leben eine starke Abneigung gegen diese Person und verbergen ihr gegenüber Ihre starken Gefühle von Groll oder Aggression, fürchten aber, sie nicht länger verbergen zu können.

Abschied Wenn der Traum davon handelt, dass Sie einen Ort oder eine Person verlassen, ist dies eine Metapher für ein Ende und ein Hinweis darauf, dass es Zeit ist, weiterzuziehen. Wenn Sie im Traum von jemandem verlassen werden, dann fühlen Sie sich höchstwahrscheinlich unsicher in Bezug auf irgendetwas in Ihrem realen Leben.

Abstinenz Wenn Sie träumen, dass Sie Alkohol, Sex oder anderen sinnlichen

Versuchungen entsagen, ist das eine Warnung vor übermäßiger Zuversicht. Es ist hilfreich, die Dinge stattdessen langsamer anzugehen.

Abtei Eine Abtei ist ein Komplex von religiösen Gebäuden, in denen Mönche leben und ihren Glauben praktizieren. So kann ein Traum von einer Abtei eine Metapher für die Suche nach spiritueller Führung bei einem bestimmten Thema oder der Entwicklung Ihres spirituellen Bewusstseins im Allgemeinen sein.

Adler Adler symbolisieren Vornehmheit, Mut und Stolz. Ein Adler im Traum kann bedeuten, dass Sie heldenhaft für Ihre Ziele kämpfen.

Adoption Ein Traum, in dem Sie ein Kind adoptieren, zeigt, dass Sie bereit für etwas Neues sind – vielleicht eine neue Herausforderung oder ein neues Projekt.

Agoraphobie Wenn die Angst vor offenen oder überfüllten Räumen in einem Traum auftaucht, kann dies eine Metapher für soziale Ängste sein. Vielleicht fürchten Sie, von anderen beurteilt zu werden, wenn Sie sich ihnen zu sehr öffnen.

Akazie Ein Akazienbaum im Traum signalisiert, dass Sie sich Ihrer Sterblichkeit bewusst sind und vielleicht schon an Ihren Tod gedacht haben.

Akkordeon Akkordeonmusik zu hören, kündigt eine traurige und deprimierende Angelegenheit an. Konzentrieren Sie sich auf freudigere Momente. Wenn Sie im Traum selbst Akkordeon spielen, deutet dies auf starke Emotionen hin, die Ihren Körper belasten. Sie fühlen sich erschöpft. Alternativ dazu legt der Traum nahe, dass Sie hart arbeiten müssen, um Ihre Ziele zu erreichen.

Akupunktur Wenn Sie davon träumen, eine Akupunktur zu bekommen, benötigen Sie möglicherweise Heilung – medizinischer, spiritueller oder emotionaler Art. Konzentrieren Sie am besten Ihre Energien auf sich selbst.

Akzente Wenn Sie im Traum verschiedene Akzente hören, könnte dies bedeuten, dass Sie Schwierigkeiten haben, mit jemandem im realen Leben zu kommunizieren oder ihn und seine Bedürfnisse zu verstehen.

Alte Dame Ein Traum von einer alten Dame deutet darauf hin, dass in Ihrem realen Leben mehr Weisheit und gesunder Menschenverstand vonnöten wäre.

Alter Vom Alter zu träumen könnte darauf hindeuten, dass Sie sich darüber sorgen, älter zu werden.

Alter Mann Ein alter Mann ist ein Symbol für das Glück der Familie.

Ameisen Sie symbolisieren Aktivität und Betriebsamkeit. Es kündigt sich eine arbeitsintensive Zeit an. Manche glauben, dass Träume über Insekten Vorboten für verschiedene kleine, aber lästige Probleme sind.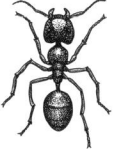

Amputation Wenn Sie im Traum ein Bein oder einen Arm verlieren, bedeutet das, dass Sie womöglich bald Kränkungen und Ungerechtigkeiten erleiden.

Angst Ein Traum, in dem Sie ängstlich sind, könnte Ihre aktuelle Angst vor etwas im realen Leben symbolisieren. Vielleicht sind Sie unsicher, ob Sie die richtige Entscheidung getroffen haben oder ob Sie etwas richtig machen.

Anschuldigung Einer Sache beschuldigt zu werden, die Sie gar nicht getan haben, kann frustrierend und verstörend sein. Wenn dies jedoch im Traum geschieht, ist es wahrscheinlich eine Metapher dafür, dass jemand anderes Sie derzeit verurteilt.

Anwalt Ein Traum, in dem ein Rechtsanwalt oder Notar vorkommt, ist eine Warnung vor rechtlichen oder finanziellen Schwierigkeiten.

Apokalypse Von einem apokalyptischen Ereignis zu träumen ist ein Hinweis darauf, dass möglicherweise etwas Großes und Lebensveränderndes passieren wird – es könnte positiv oder negativ sein.

Arbeitslosigkeit Ein Traum, arbeitslos zu sein, ist ein Hinweis darauf, dass Sie sich derzeit unterschätzt und wertlos fühlen oder Ihnen der Sinn im Leben fehlt. Es ist an der Zeit, dass Sie sich selbst für Ihre Fähigkeiten und Qualitäten wertschätzen.

Armut Paradoxerweise deutet ein Traum über ein Leben in Armut eher darauf hin, dass sich Ihre Lage bald zum Besseren wenden wird.

Arzt Ein Arzt ist offensichtlich ein Symbol für Krankheit. Wenn Sie also von einem Arzt träumen, ist dies eine Warnung, dass entweder Sie oder eine Ihnen nahestehende Person erkranken wird.

Ass Ein Ass deutet auf Unklarheiten in Ihrem Leben und auf ein Bedürfnis nach Klarheit hin.

- Das Herz-Ass könnte bedeuten, dass Sie in eine Liebesaffäre verwickelt sind.
- Das Karo-Ass symbolisiert Ihr Vermächtnis oder Ihren Ruf.
- Das Kreuz-Ass deutet darauf hin, dass Sie in eine rechtliche Angelegenheit verwickelt sein werden.
- Das Pik-Ass bedeutet, dass Sie in einen Skandal verwickelt sind.

Asthma Eine Traum über Asthma warnt Sie davor, dass es Schwierigkeiten geben wird.

Aufzug Ein Aufzug symbolisiert eine Steigerung, sei es im Hinblick auf Ansehen, Karriere, Geld oder Bewusstsein.

Ausland Wenn Sie träumen, in einem fremden Land zu sein, kann dies darauf hindeuten, dass Sie in letzter Zeit Abenteuerlust verspürt haben und bereit sind, zur Abwechslung etwas anderes zu tun oder zu erleben.

Ausziehen Wenn Sie träumen, dass Sie sich ausziehen, vor allem in der Öffentlichkeit, bedeutet das, dass mangelnde Voraussicht zu Problemen führen wird.

Auto Wenn Sie sich im Traum beim Autofahren sehen, kann das symbolisieren, dass Sie Ihr Leben und Ihre Gefühle unter Kontrolle haben. Wenn Sie zum Beispiel eine lange, leere Straße entlangfahren, fühlen Sie sich wahrscheinlich sehr zuversichtlich und sind bereit, in größeren Dimensionen zu denken. Wenn Sie jedoch im Auto im Stau stecken, fühlen Sie sich wahrscheinlich festgefahren und außer Standes, bestimmte Hindernisse zu umfahren.

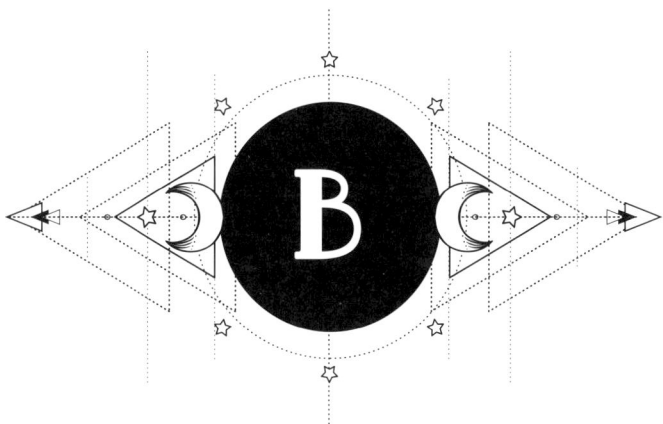

Baby Shower Ein Traum von einer Babyparty bedeutet nicht unbedingt, dass Sie schwanger sind. Vielmehr bereiten Sie sich wahrscheinlich darauf vor, etwas Neues in Ihrem Leben willkommen zu heißen – es könnte natürlich ein Baby sein, aber auch ein neuer Job, ein neues Zuhause oder ein neues Hobby.

Babykleidung Träume über Babykleidung sind ein Hinweis darauf, dass Sie alte Gewohnheiten und Verhaltensweisen abgelegt haben.

Babynahrung Ein Traum, in dem Babynahrung vorkommt, sagt Ihnen, dass Sie sich um sich selbst kümmern und sich selbst einmal an erste Stelle stellen müssen. Wenn Sie jedoch träumen, gefüttert zu werden, haben Sie das Gefühl, dass Ihnen etwas beigebracht wird, was Sie in der realen Welt bereits wissen.

Babys Von Babys zu träumen, bedeutet nicht, dass Sie schwanger sind! Babys stehen für Unschuld, Reinheit, Hilflosigkeit und Neuanfang – vielleicht sind dies Ihre eigenen Qualitäten, die Sie normalerweise vor der Welt verbergen. Ein Traum über ein Baby kann auch Glück für Sie und Ihre Familie verheißen. Das ist ein gängiger Traum.

Backgammon Wer spielt nicht gern eine Partie Backgammon? Ein Spiel zu verlieren, symbolisiert Unglück und Pech in der Liebe. Im Traum stellt ein Backgammon-Spiel jedoch möglicherweise auch einen unwillkommenen Gast dar. Vielleicht halten Sie in Liebesdingen nach dem falschen Typ von Person Ausschau.

Backpacking Wenn Sie sich im Traum auf eine Rucksacktour begeben, besitzen Sie wahrscheinlich viel Selbstvertrauen. Sie sind unabhängig, autark und können für sich selbst sorgen. Vielleicht denken Sie auch an all die Hindernisse und Probleme, die Sie überwunden haben, um an diesen Punkt zu gelangen.

Bahnhof Er weist meist auf eine bevorstehende Reise hin.

Bambus Bambus wird oft als Metapher für Flexibilität, Stärke und Überleben unter widrigsten Bedingungen gesehen. Wenn Sie von Bambus träumen, deutet das darauf hin, dass Sie diese Qualitäten jetzt unter Beweis stellen müssen.

Bande Wenn Sie träumen, dass Sie es mit einer Bande zu tun bekommen, fühlen Sie sich möglicherweise von einer Gruppe von Menschen in Ihrem realen Leben unter Druck gesetzt oder eingeschüchtert. Wenn Sie träumen, einer Bande anzugehören, könnte das bedeuten, dass Sie in letzter Zeit im Umgang mit jemandem etwas ungeschickt waren.

Bank Von einer Bank zu träumen, ist eine Warnung vor drohenden Geldsorgen, die Sie nicht ignorieren sollten. Etwas muss rasch geklärt werden. Nehmen Sie also den wichtigen Termin mit Ihrem Steuerberater oder Banker wahr!

Barfuß Ein Traum, in dem Sie barfuß herumlaufen, kann verschiedene Bedeutungen haben. Einerseits könnte es zeigen, dass Sie momentan ungewöhnlich entspannt und sorglos sind, oder aber, dass es Ihnen an Selbstvertrauen und Selbstwertgefühl mangelt. Manche deuten einen solchen Traum sogar als Anzeichen für Armut und Entbehrung.

Bart Ein Bart steht für die Einsicht oder Weisheit, die sich mit dem Alter und der Erfahrung einstellen. Wenn Sie im Traum im Gegensatz zum realen Leben einen Bart haben, versuchen Sie womöglich, Ihre wahren Gefühle zu verbergen und etwas zu vertuschen. Oder der Traum spiegelt Ihre Einstellung wider, dass Sie sich nicht um die Meinung anderer scheren.

Wächst Ihnen als Frau im Traum ein Bart, deutet dies auf den maskulinen Aspekt Ihrer Persönlichkeit hin. Es zeigt, dass Sie durchsetzungsfähiger sein und mehr Macht ausüben müssen.

Bauch Im Traum verweist der Bauch auf Ihre Instinkte und unterdrückten Gefühle. In Ihrem realen Leben gibt es etwas, das Sie „nicht verdauen" können oder das Sie nur schwer akzeptieren können. Sie müssen es loswerden. Manchmal kann das Traumsymbol auch wörtlich zu verstehen sein, und Sie plagen sich einfach mit Verstopfung oder Verdauungsstörungen herum. Ist Ihr Bauch im Traum entblößt, haben Sie Probleme, zu vertrauen, und fühlen sich verletzlich. Ein geschwollener Bauch bedeutet, dass ein neues Projekt ansteht.

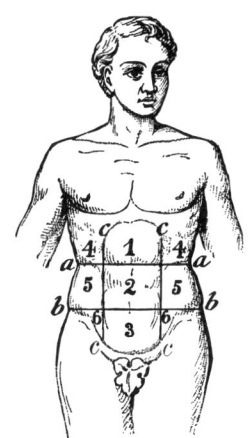

RÜCKEN

Ihr Rücken symbolisiert im Traum Ihre Einstellung, Ihre Stärken, Ihre Bürden und Ihre Haltung.

- Wenn Sie einen geraden Rücken haben, präsentieren Sie der Welt wahrscheinlich ein starkes, selbstbewusstes Ich, das kaum Sorgen kennt.
- Ein gekrümmter Rücken hingegen steht für jemanden, der momentan sehr besorgt und belastet ist. Das kann mit dem Stress und dem Druck zusammenhängen, den jemand auf Sie ausübt.
- Ist der Rücken, den Sie im Traum sehen, nackt, gibt es wahrscheinlich Geheimnisse oder Aspekte von sich selbst, die Sie verborgen gehalten haben. Dieser Traum könnte Sie auch ermahnen, auf sich achtzugeben.
- Handelt es sich bei dem Rücken nicht um Ihren eigenen, betrachten Sie dies als Warnung, dass Sie niemandem Geld leihen sollten. Insbesondere dann, wenn Sie Freunden Geld leihen, wird dies zu einem Bruch in Ihrer Beziehung führen.
- Eine Person, die Ihnen den Rücken zukehrt, bedeutet, dass Sie durch Neid und Eifersucht zutiefst verletzt werden.

Bäume Ein Traum von Bäumen kann auf verschiedene Weise gedeutet werden. Einerseits kann er darauf hinweisen, dass ein Ziel verwirklicht wird. Wenn der Baum hingegen gefällt wurde, kommt es wahrscheinlich zu einer Trennung von einem geliebten Menschen. Ein Traum über Bäume kann auch auf geistiges oder intellektuelles Wachstum in Ihrem Leben hinweisen.

Begräbnis Dieses Motiv ist nicht so beunruhigend oder negativ, wie Sie denken: Es bedeutet, dass Sie bald jemandem begegnen werden, den Sie lieben und mit dem Sie eine tiefgründige, erfüllte Beziehung führen können.

Bellen Sind Sie derzeit mürrisch und schreien andere oft an? Wenn ja, kann es durchaus sein, dass Sie von bellenden Hunden träumen. Es ist ein Zeichen dafür, dass Sie sich beruhigen und an dem arbeiten müssen, was Sie wütend macht. Wenn Sie tief im REM-Schlaf sind und zugleich in der realen Welt sehr lautes Gebell zu hören ist, kann es sein, dass Sie diesen Lärm unbewusst in einen Traum einbauen.

Beruf Ein Traum über Ihren derzeitigen Job deutet darauf hin, dass Sie derzeit beruflich viel um die Ohren haben. Vielleicht stecken Sie gerade mitten in einem schwierigen Projekt oder Sie stehen unter Zeitdruck. Wenn Sie im Traum nach einem neuen Job Ausschau halten, bedeutet dies wahrscheinlich, dass Sie mit einem Aspekt Ihres derzeitigen Lebens unzufrieden sind und nach mehr Aufregung suchen. Wenn Sie im Traum Ihren Job verlieren, deutet dies auf die Unsicherheit hin, die Sie in Bezug auf Ihren jetzigen Job empfinden.

Bett Ein Traum, in dem ein Bett vorkommt, bedeutet, dass Sie sich eine wohlverdiente Pause gönnen sollten. Ist das Bett ungemacht, müssen Sie darauf achten, nicht in Schwierigkeiten zu geraten.

Bewusstlosigkeit Wenn Sie träumen, bewusstlos zu sein, gestehen Sie sich allmählich ein, dass Sie eine Zeit lang in einer Angelegenheit im Dunkeln getappt sind. Vielleicht haben Sie das Offensichtliche ignoriert. Diese Art von Traum ist ein Zeichen dafür, dass Sie die Augen öffnen und ehrlich zu sich selbst sein sollten.

Bienen Die Tiere sind ein gängiges Symbol für Wohlstand, Fortschritt und Lob für gute Arbeit. Seltsamerweise können sie auch vor Schwierigkeiten warnen, die von den Eltern des Partners ausgehen.

Blumenstrauß Während im wahren Leben ein geschenkter Blumenstrauß Anlass zur Freude gibt, bedeutet dies im Traum, dass Ihnen eine kleine Enttäuschung bevorsteht. Vielleicht steckt die Warnung dahinter, nicht alles für bare Münze zu nehmen und sich zu fragen, welches Motiv hinter dieser Geste steckt.

Briefträger Eine lang ersehnte Nachricht trudelt endlich ein, wenn ein Briefträger in Ihrem Traum erscheint.

Brot Brot ist ein gutes Omen für Glück, genügend Essen und bessere Zeiten. Wenn Sie im Traum Enten oder andere Vögel mit Brot füttern, deutet dies darauf hin, dass Sie im Moment besonders großzügig sind und an andere denken.

Brücke Wenn in Ihrem Traum eine Brücke auftaucht, sollten Sie an das Lied „Bridge over Troubled Water" denken, denn es bedeutet, dass Ihre Probleme bald verschwunden sein werden. Eine Brücke kann auch ein Symbol dafür sein, weiterzumachen und alles Negative hinter sich zu lassen.

Brunnen Verborgene Ambitionen, Fähigkeiten und Gefühle finden in Träumen Ausdruck, in denen ein Brunnen vorkommt. Der Traum deutet darauf hin, dass Sie diese Dinge an die Oberfläche bringen müssen. Dann können Sie beginnen, sich diese zunutze zu machen.

Büro Ein Traum vom Arbeitsplatz verdeutlicht Ihnen, dass Sie zu viel um die Ohren haben. Sie sind überarbeitet und finden es schwierig, Arbeit und Privatleben zu trennen. Es ist Zeit für einen Urlaub!

DIE TOP TEN DER SYMBOLHAFTEN TRÄUME

1. **Schmetterlinge.** Ein Traum, in dem ein Schmetterling vorkommt, gilt als der symbolhafteste Traum, den man haben kann. Er deutet darauf hin, dass Sie eine spirituelle Transformation erleben werden, nach der nichts mehr so ist, wie es war. Weiße Schmetterlinge werden oft als Zeichen dafür gesehen, mit den Toten zu kommunizieren.

2. **Tod.** Träume über Ihren Tod werden Ihnen wahrscheinlich Unbehagen bereiten und Angst einjagen, dass Ihr Ende naht. Das ist aber normalerweise nicht die Bedeutung eines solchen Traums. Er deutet eher darauf hin, dass es an der Zeit ist, etwas oder jemanden loszulassen, damit Sie sich spirituell und emotional weiterentwickeln können.

3. **Elefanten.** Elefanten gelten im Buddhismus als heilig und sollen die irdische Manifestation des Buddha selbst sein. Wenn in Ihrem Traum ein Elefant vorkommt, ist dies ein Zeichen dafür, dass Sie sich eine Zeit lang auf Ihr spirituelles Bewusstsein konzentrieren sollten – vielleicht durch Yoga oder Meditation.

4. **Mutter Natur.** Die Natur kommuniziert ständig mit uns – etwa durch ein heftiges Gewitter, einen stürmischen Wind oder auch einen sonnigen Tag. Oft sind wir aber zu beschäftigt, um innezuhalten und die Botschaften zu vernehmen. Wenn das passiert, träumen wir möglicherweise in irgendeiner Form von der Natur – egal ob es das Wetter ist, ein Spaziergang im Wald oder das Besteigen eines Berges. Es handelt sich um eine unterbewusste Botschaft, dass wir uns die Zeit nehmen müssen, Mutter

Natur zuzuhören und die Natur im Laufe des Tages zu beobachten und zu spüren.

5. **Gottheiten**. Göttliche Figuren wie Buddha, Jesus oder Mohammed, die in Ihren Träumen auftauchen, sind Anzeichen dafür, dass Sie derzeit eine bedeutende spirituelle Veränderung erleben – vielleicht waren Sie ursprünglich nicht gläubig und sind jetzt offen für spirituelle Lehren.

6. **Delphine und Wale.** Diese wunderbaren Wesen können in Ihrem Traum sowohl zum Schutz als auch zur Motivation auftauchen. Sie lassen Sie wissen, dass Sie ein Risiko eingehen, auf Ihr Bauchgefühl hören und das tun sollten, was Sie bisher immer aufgeschoben haben. Sie können sicher sein, dass alles gut gehen wird.

7. **Schlangen**. Schlangen gelten als Symbol für Wiedergeburt, Transformation und Heilung. Wenn in Ihrem Traum Schlangen auftauchen, steht Ihnen eine bedeutende positive Veränderung bevor.

8. **Schwangerschaft**. Träume von Schwangerschaft stehen oft symbolisch für eine neue Geburt in Ihrem Leben – nicht unbedingt für ein Baby, sondern eher für ein neues Projekt, ein Unternehmen oder eine Beziehung.

9. **Fliegen**. Wenn Sie träumen, dass Sie wie Peter Pan über der Erde schweben, werden Sie ermutigt, sich von allen Hindernissen zu befreien, die Sie zurückhalten. Die Botschaft ist, dass Sie Superkräfte entwickeln können, wenn Sie nur genug Vertrauen in sich haben.

10. **Leitern**. Leitern eignen sich ideal, um das Gewöhnliche und Alltägliche auf eine höhere Bewusstseinsebene zu bringen. Wenn Sie von Leitern (oder Brücken oder Treppen) träumen, werden Sie ermutigt, die Schritte zu spiritueller Bewusstheit und Erfüllung zu gehen.

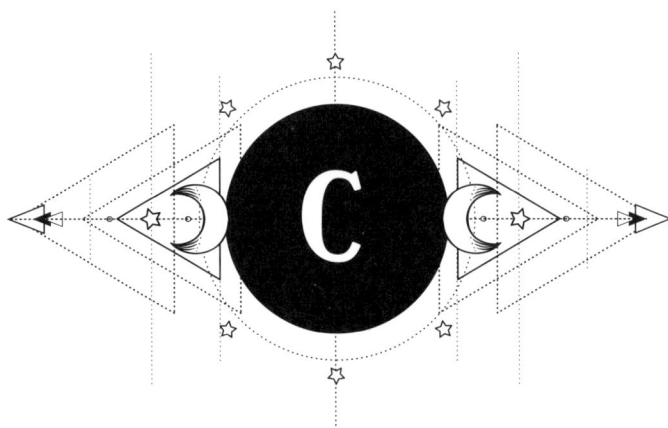

Café Wenn Sie im Traum in einem Café sitzen, steht dies für Ihr soziales Leben. Der Traum sagt Ihnen, dass es an der Zeit ist, sich wieder einmal bei alten Freunden zu melden.

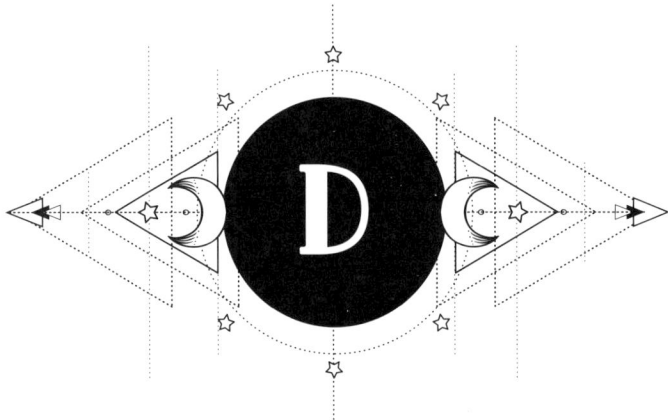

Dahlien Diese Blumen in einem Traum sind ein Zeichen für Glück – vor allem in finanzieller Hinsicht. Es ist an der Zeit, Geld zu investieren oder vielleicht ein Glückslos zu kaufen!

Dalmatiner Ein Dalmatiner im Traum bedeutet, dass Sie Ihre eigenen Gefühle zurückstellen, um sich um die Bedürfnisse anderer zu kümmern. Sie wollen es allen recht machen.

Damaszenerrose Wenn Sie im Traum einen solchen Rosenstrauch sehen, bedeutet dies eine glückliche Verbindung. Erhalten Sie einen Strauß Damaszener-rosen, werden Sie bald die wahre Liebe finden.

Dart Eine Dartscheibe im Traum deutet darauf hin, dass Sie sich von jemandem angegriffen fühlen und Ihre Wut und Gefühle deutlicher ausdrücken müssen. Die Dartscheibe kann aber auch für eines Ihrer Ziele stehen. Sie müssen sich an etwas Neues heranwagen und Ihre Angst vorm Scheitern überwinden. Wenn Sie im Traum Dartpfeile werfen, bezieht sich das auf verlet-zende Bemerkungen Ihrerseits oder Ihnen gegenüber.

Debatte Wenn Sie sich im Traum inmitten einer Debatte wiederfinden, symbo-lisiert dies den inneren Aufruhr oder Konflikt, den Sie gerade erleben. Es bedeutet aber auch, dass Sie diese Probleme lösen werden.

Depression Wer sich in seinem bewussten Leben niedergeschlagen fühlt, ist oft auch in Träumen deprimiert. Oft kann dies sogar von Nutzen sein: Sie können die Dinge identifizieren, die Sie deprimieren oder die Sie ändern können.

Doktorhut und Talar Wenn Sie im Traum solche Kleidung tragen, be-deutet das einen Aufstieg in Ihrem Leben. Sie sind bereit, die nächste Stufe zu erklimmen. Wenn Sie im Traum eine Person mit Doktorhut und Talar sehen, symbolisiert diese Ihre Erfolge und Errungenschaften.

Dunkelheit Dunkelheit wird oft mit Negativem wie dem Bösen, Tod und Angst assoziiert. Wenn Sie sich aber im Traum im Dunkeln wohl fühlen, sind Sie wahrscheinlich froh, in einer bestimmten Sache „im Dunkeln zu tappen" und nicht alle Details zu kennen. Sich im Dunkeln zu verirren könnte darauf hindeuten, dass Sie gerade deprimiert oder niedergeschlagen sind und keinen Ausweg sehen.

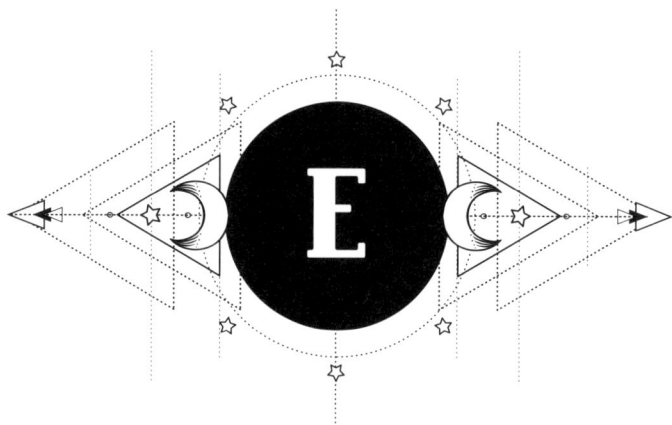

Edelsteine Ein Traum von Edelsteinen prophezeit Glück in der Liebe sowie in Ihrem Beruf oder Ihrem Unternehmen.

Eibe Obwohl dieser Baum mit Friedhöfen in Verbindung gebracht wird, steht er auch für Langlebigkeit, da er sehr alt werden kann.

Eichel Eicheln symbolisieren Stärke und die Fähigkeit, aus etwas zu wachsen, das ursprünglich klein war. Vielleicht haben Sie ehrgeizige Ziele, auf die Sie sich konzentrieren müssen.

Eis Wenn bei Ihnen derzeit alles wie erstarrt scheint, könnte das der Grund sein, warum Sie von Eis träumen. Es könnte aber auch eine Mahnung sein, sich vor etwas in Acht zu nehmen.

Eisberg Wir alle wissen, dass hinter einem Eisberg weitaus mehr steckt als das, was an der Oberfläche zu sehen ist. Wenn Sie von einem Eisberg träumen, sollten Sie sich mit einem Thema eingehender befassen und die Dinge nicht für bare Münze nehmen.

Eisvogel Der Eisvogel wird mit Ruhe, Würde und Majestät assoziiert – alles Eigenschaften, die Sie vielleicht in schwierigen Situationen unter Beweis stellen müssen.

Elster Eine Elster im Traum sagt einen Streit voraus. Seien Sie vorsichtig, was und zu wem Sie es sagen.

Emotionen Emotionale Träume bieten Ihnen ein sicheres Ventil für alle aufgestauten Emotionen, die Sie im realen Leben aus Furcht nicht ausdrücken.

Ende Möglicherweise sind Sie im realen Leben an einem Ende angelangt – vielleicht ist ein Projekt beendet oder ein Ziel erreicht.

Engel Engel werden allgemein als Botschafter Gottes empfunden, die in Ihren Träumen erscheinen, um Schutz, Führung und spirituelle Heilung zu bieten.

Entführung Ein solcher Traum deutet darauf hin, dass sie von etwas oder jemandem kontrolliert oder manipuliert werden. Folglich fehlt Ihnen die Kontrolle über Ihr Leben und Sie fühlen sich hilflos.

Enthauptung Wenn Sie träumen, enthauptet zu werden, bedeutet das, dass Sie nicht klar denken und sich weigern, die Wahrheit zu sehen. Sie müssen sich mit einer bestimmten Situation oder Person auseinandersetzen, auch wenn es schmerzhaft und unangenehm ist. Der Traum könnte auch andeuten, dass Sie oft handeln, ohne vorher nachzudenken.

Erdbeeren Ein solcher Traum ist ein gutes Omen, dass Sie im Leben vorankommen und Ihnen eine gute Zeit bevorsteht. Sie können sich einen Herzenswunsch erfüllen. Erdbeeren zu essen bedeutet, sich in jemanden zu verlieben, der nicht an Ihnen interessiert ist. Die Früchte anzubauen und zu verkaufen bedeutet, einen Überfluss an den Dingen zu haben, die Sie im Leben brauchen und wollen.

Erde Ein solcher Traum bedeutet Ihnen, dass Sie geerdeter und rationaler sein müssen. Wenn sich aber andererseits der Boden wie bei einem Erdbeben auftut, kann dies auf ein Projekt oder eine Situation in Ihrer Beziehung hinweisen, die nicht das Richtige für Sie sind und von denen Sie sich fernhalten wollen.

Ertrinken Wenn Sie träumen, zu ertrinken, stehen möglicherweise einige Schwierigkeiten bevor, die eine Planung sinnlos machen.

Essen Gemeinsames Essen symbolisiert Freundschaft und Intimität. Ein Traum von einem Essen mit anderen kann Einsamkeit und sogar Verlust bedeuten.

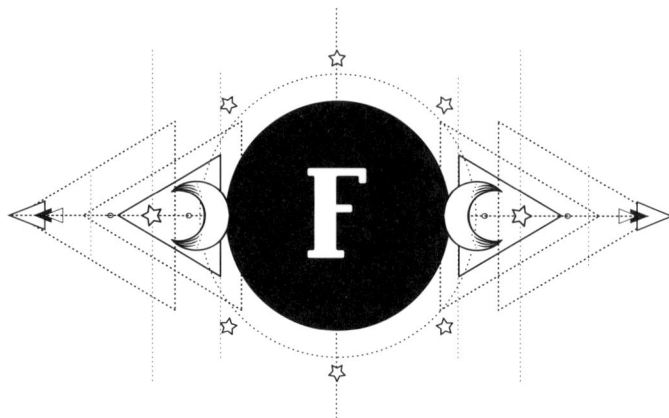

Falke Ein toter Falke deutet darauf hin, dass Ihnen etwas verheimlicht wird. Vielleicht ist jemand unloyal oder spricht hinter Ihrem Rücken über Sie. Ein majestätischer, fliegender Falke hingegen ist ein Symbol dafür, dass Sie sehr scharfsinnig sind und eine Situation von außen betrachten können.

Fallen Träume von einem Sturz aus großer Höhe sind weit verbreitet. Manche Traumdeuter dramatisieren die Sache und behaupten, dass Sie im realen Leben sterben, wenn Sie im Traum auf den Boden fallen. In Wirklichkeit bedeutet der Traum viel eher, dass Sie sich über etwas Sorgen machen. Vielleicht fürchten Sie, im Arbeits- oder Liebesleben zu scheitern. Möglicherweise müssen Sie auch etwas überdenken.

Fallschirm Es gibt mehrere Möglichkeiten, einen Traum über Fallschirme zu interpretieren. Einerseits lässt sich ein Fallschirm als schützende Hülle deuten. Andererseits könnte er symbolisieren, dass es für Sie an der Zeit ist, sich aus einer Situation zu befreien oder eine alte Gewohnheit abzulegen. Wenn Sie einen Fallschirm während des Falls nur schwer öffnen können, deutet dies darauf hin, dass Sie von jemandem enttäuscht werden, dem Sie vertrauen.

Familie Wenn Ihre eigene Familie im Traum auftaucht, bedeutet das höchstwahrscheinlich, dass Sie sich sicher und geliebt fühlen. Wenn es sich jedoch um einen wiederkehrenden Traum handelt, sind Sie möglicherweise zu sehr von Ihrer Familie abhängig und sollten mehr auf eigenen Beinen stehen.

Fenster Ein offenes Fenster zeigt, dass ein Problem bald gelöst sein wird. Ein geschlossenes Fenster warnt vor unerwarteten Gefahren, die Ihnen aber nichts anhaben sollten. Ein zerbrochenes Fenster bedeutet, dass eine Freundschaft oder Partnerschaft kaputt ist und sich nicht mehr reparieren lässt.

Fledermäuse Haben Sie Angst, von einer Gruppe Fledermäuse umringt zu sein? Kein Grund zur Sorge – Fledermäuse sind ein Symbol für Wiedergeburt, da sie jeden Abend auftauchen. Möglicherweise stehen Sie an der Schwelle zu positiven Veränderungen oder neuen Chancen.

Flughafen Flughäfen stehen für Ankunft und Abschied. Im Traum könnte dies darauf hindeuten, dass Sie vor einer wichtigen – in der Regel guten – Veränderung in Ihrem Leben stehen.

Flugzeug Ein Traum mit einem Flugzeug bedeutet, dass ein ehrgeiziges Ziel noch nicht erreicht ist.

Freund Von einem Freund zu träumen, vor allem von einem engen, verheißt Glück und Freude.

Freund in Not Entweder braucht ein Freund Hilfe von Ihnen oder andersherum.

Friedhof Ein solcher Traum ist leider ein Hinweis darauf, dass Sie von einem Todesfall hören werden.

Frist Bei all den Deadlines in unserer realen Welt sind Träume von Fristen und tickenden Uhren nicht ungewöhnlich. Sie erinnern uns daran, uns über die Zeit und das Vergehen der Zeit Gedanken zu machen, einen Gang zurückzuschalten und den wichtigen Dingen im Leben Priorität einzuräumen.

Fuchs Eine Interpretation ist, dass Pläne erfolgreicher als erwartet sind. Eine andere besagt, dass Sie sich vor hinterhältigen Leuten und Verrätern in Acht nehmen sollten.

Füße Füße stehen für Mobilität, Freiheit und Stabilität. Wenn Sie also von Ihren Füßen träumen, könnte das bedeuten, dass Sie sich erden oder weiterbewegen müssen. Selbstverständlich müssen Sie entscheiden, welche Option für Sie am besten geeignet ist. Wenn sie von den Füßen anderer träumen, machen Sie sich wahrscheinlich zu viele Gedanken darüber, wohin sie gehen und was sie tun. Vielleicht ist es also an der Zeit, dass Sie sich auf sich 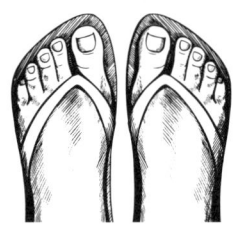 selbst und Ihren Weg konzentrieren. Füße werden oft als Metapher für Wohlstand angesehen. Wenn Sie von Füßen träumen, bedeutet das, dass Sie Glück und Wohlstand in Ihr Leben lassen.

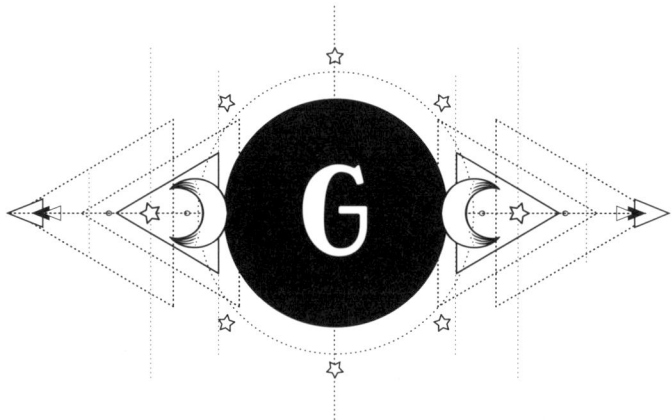

Gänseblümchen Sie symbolisieren Liebe und Freundschaft – ob Sie sie nun jemandem schenken oder sie von jemandem erhalten.

Garten Eden Der Garten Eden symbolisiert Frieden, Harmonie, Schönheit und Ruhe – genau das, wonach Sie sich im Moment vielleicht sehnen.

Garten Ein Garten mit Nadelbäumen und Blumen verheißt Ruhe und Unbeschwertheit. Frauen, die einen schönen Garten sehen, werden berühmt sein und ein erfülltes Familienleben haben. Ein Spaziergang durch den Garten eines Geliebten steht für Glück und finanzielle Unabhängigkeit. Ein Gemüsegarten bedeutet Verlust, Elend und Schande.

Geburt Dies ist ein häufiger Traum, der Glück verheißt, aber auch auf etwas Neues hinweist, das sich anbahnt. Allerdings träumt man auch häufig von Geburt oder Wehen, wenn man tatsächlich schwanger ist. Diese Träume spiegeln einfach die natürlichen Ängste vor dem bevorstehenden Ereignis wider.

Gefahr Wenn Sie träumen, in Gefahr zu sein oder von etwas bedroht zu werden, ist das oft ein Hinweis darauf, dass Sie bei etwas oder jemandem in Ihrem Leben vorsichtig sein müssen. Vielleicht gehen Sie momentan zu viele Risiken ein, was Ihre Gefühle, Ihre Sicherheit oder Ihre Finanzen anbelangt.

Gefangen Wenn Sie träumen, irgendwo gefangen zu sein, besteht hier offensichtlich eine Verbindungen zu Gefühlen des Gefangenseins in Ihrem bewussten Leben – vielleicht in einer Beziehung, einem Job oder einer finanziellen Sache.

DATE

Ein Traum über ein Date steht für Ihr Bedürfnis nach Selbstfindung und Selbsterkenntnis. Sie erkennen verborgene Aspekte Ihres Wesens und verborgene Talente.

- Der Traum könnte Ihre Ängste widerspiegeln, auf ein Date zu gehen oder akzeptiert zu werden.
- Der Traum kann eine „Probe" für eine tatsächliche Verabredung sein, da er Ihnen dabei hilft, mögliche Ängste zu überwinden.
- Sind Sie in Ihrem Traum übereifrig und daten Sie gleich zwei Personen? Das deutet auf Leidenschaft in Ihrer persönlichen Beziehung hin. Dieser Traum bedeutet nicht unbedingt, dass Sie sich von Ihrem Partner trennen wollen. Er könnte aber auf Angst vor einer größeren Veränderung in Ihrer Beziehung hindeuten.
- Vielleicht träumen Sie von einem bestimmten Datum, wie z. B. einem bestimmten Monat, Tag oder Jahr. Dies steht für die verstreichende Zeit und womöglich eine Erinnerung an vergangene Ereignisse.
- Der Traum kann auch als Erinnerung an ein besonderes Ereignis, einen Termin oder ein wichtiges Datum in Ihrem realen Leben gedacht sein.
- Beachten Sie auch die Bedeutung der Zahlen im Datum.

Gefangenschaft Fühlen Sie sich gefangen? Werden Sie von anderen daran gehindert, eigene Entscheidungen zu treffen? Haben Sie das Gefühl, dass sich jemand zu sehr in Ihre Angelegenheiten einmischt? Haben Sie bei der Arbeit zu viele Vorgaben? Das sind alles Gründe, warum Sie vielleicht träumen, gefangen zu sein. Es kann auch eine Warnung sein, sich nicht auf etwas einzulassen, das Sie bereuen würden. Es kann aber auch Verzögerungen und Probleme bedeuten, die sich erst mit der Zeit aus der Welt schaffen lassen.

Gehen Ein Traum, in dem Sie gehen, kann vielerlei Bedeutungen haben, je nachdem wie Sie gehen. Im Kreis zu gehen deutet darauf hin, dass Sie in Ihrem bewussten Leben das Gefühl haben, mit einem Problem oder einer Angelegenheit nicht weiterzukommen. Wenn Sie barfuß gehen, zeigt das, dass Sie sich frei fühlen oder sich von etwas befreien wollen, das Sie belastet hat. Sie gehen schnell? Das zeigt wahrscheinlich, dass Sie plötzlich ein Ziel im Leben haben und nun so schnell wie möglich loslegen wollen. Langsames Gehen weist darauf hin, dass Sie sich Zeit zum Nachdenken nehmen sollten, bevor Sie sich in etwas stürzen.

Geist Es hat mehrere mögliche Bedeutungen, wenn Sie im Traum einen Geist sehen. Handelt es sich bei dem Geist etwa um eine Person, die noch lebt, sollten Sie ihn als Warnung betrachten, dass diese Person Ihnen schaden will. Wenn der Geist Sie selbst sind, haben Sie vielleicht Angst vorm Tod oder Sterben. Wenn Sie den Geist eines verstorbenen Familienmitglieds oder Freundes sehen, gibt es wahrscheinlich etwas, das Sie in der Beziehung zu dieser Person bedauern. Und wenn Sie träumen, von einem Geist heimgesucht zu werden, wollen Sie wahrscheinlich etwas aus Ihrer Vergangenheit nicht anerkennen.

Gelb Diese helle und sonnige Farbe wird mit Lernen und Intellekt assoziiert. Sie steht auch für die Art von Selbstbehauptung, die andere daran hindert, auf Ihnen herumzutrampeln.

Gelbsucht Von Gelbsucht zu träumen, bedeutet Wohlstand nach einem vorübergehenden Rückschlag. Wenn Sie im Traum andere Menschen mit Gelbsucht sehen, deutet das auf unzuverlässige Freunde und Pläne hin, die kein gutes Ende nehmen werden.

Geld finden Dies verheißt nicht so viel Glück wie man meinen möchte! Es bedeutet wahrscheinlich, dass Sie sich vor Verlusten schützen müssen.

Geld verlieren Das ist nicht so schlimm, wie Sie vielleicht denken. Es bedeutet nämlich wahrscheinlich, dass Ihre Pläne erfolgreicher sind, als Sie es sich je erhofft hätten.

Geld zählen Etwas Wertvolles bahnt sich an. Möglicherweise handelt es sich nicht um etwas Finanzielles, aber es wird etwas Gutes sein.

Geldausgaben Seien Sie vorsichtig, da in naher Zukunft zusätzliche Ausgaben oder Verluste drohen.

Geldbörse Wenn die Geldbörse voll ist, steht ein kleiner Verlust bevor. Ist sie leer, winkt ein unverhoffter Gewinn.

Gepäck Wenn Sie davon träumen, Gepäck und Koffer zu tragen, bedeutet das, dass Sie sich durch Probleme und Emotionen behindert fühlen und vermeinen, die Welt auf Ihren Schultern zu tragen. Wenn jedoch im Traum jemand Ihr Gepäck für Sie trägt, dann ist das ein Zeichen dafür, dass Sie nicht zu stolz sein sollten, die Hilfe anderer anzunehmen.

Geschenke Ein Traum, in dem Sie viele Geschenke erhalten, bedeutet, dass Sie einen Rückschlag erleben werden. Vorsicht ist geboten. Es kann sich auch um eine Warnung handeln, sich nicht in eine verzwickte Situation zu katapultieren.

Geschwür Ein solcher Traum bezieht sich auf eine vorübergehende Schwierigkeit, die sich bald wieder legen wird.

Gewalt Gewalttätiges Verhalten im Traum ist ein Zeichen dafür, dass Sie aufgestaute Wut gegenüber einer Person hegen. Sie haben ein überwältigendes Bedürfnis, ihr die Meinung zu geigen. Wenn sich die Gewalt gegen Sie selbst richtet, müssen Sie sich selbst gegenüber ehrlicher sein, was Ihre Beziehungen zu anderen betrifft. Meiden Sie Personen, die Ihnen nicht guttun.

Gift Gift im Traum steht symbolisch für Wut, negative Emotionen und destruktives Verhalten seitens einer anderen Person. Vielleicht ist es an der Zeit, eine Ihnen nahestehende Person mit realistischen Augen zu sehen.

Glocken Glocken verheißen gute Nachrichten. Seien Sie also achtsam, wenn in Ihrem Traum Glocken erscheinen.

Glücksspiel Glücksspiel im Traum symbolisiert Risikofreude und Impulsivität. Wenn Sie im realen Leben gern zocken, könnte dies eine Warnung sein, nicht zu risikofreudig zu werden. Wenn Sie hingegen kein Spieler sind, könnte diese Art von Traum darauf hindeuten, dass Sie eine Chance ergreifen und etwas spontaner bei etwas oder jemandem sein sollten.

Grab Ein Traum, in dem ein Grab vorkommt, mag vielleicht negative Assoziationen in Ihnen wecken. In Wirklichkeit deutet er aber darauf hin, dass ein langes und glückliches Leben vor Ihnen liegt.

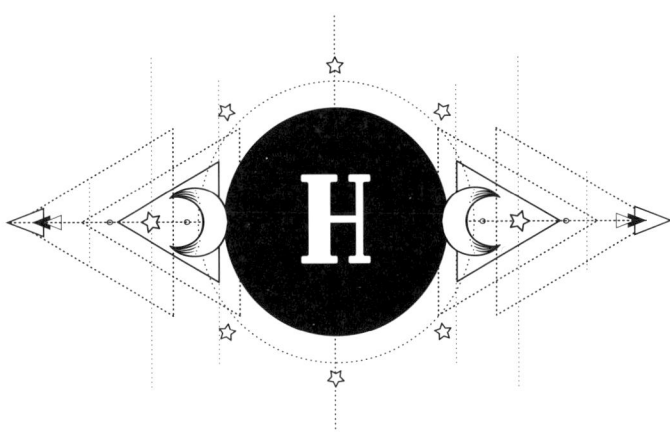

Haare Sie sind oft ein Zeichen von Männlichkeit, Stärke und Attraktivität. Wenn Sie sich also vor Haarverlust fürchten, machen Sie sich offenbar Sorgen, einen Teil Ihrer Persönlichkeit zu verlieren. Wenn eine andere Person Ihnen die Haare schneidet, könnte dies die Angst widerspiegeln, dass jemand im realen Leben einen Groll gegen Sie hegt. Oder Sie träumen davon, dass Ihr Haar nicht aufhört zu wachsen. Das ist oft ein Zeichen dafür, dass Sie sich mit etwas überfordert fühlen und zu viele Dinge zu bewältigen haben.

Hand Sie werden von Schmeichlern umgeben sein.

Haus Dies ist ein bedeutsames Symbol, denn es verweist auf den Zustand Ihres Geistes und die Dinge, die Ihnen am meisten Sorgen bereiten. Ist das Haus unaufgeräumt, zeigt das, dass in Ihrem Leben Durcheinander herrscht. Ein Haus voller Menschen bedeutet hingegen, dass bei Ihnen die Dinge aus dem Ruder laufen.

Hexe Hexen sind ein Symbol für Heimlichtuerei, schlechte Omen und Ärger, der sich zusammenbraut. Ein Traum über Hexen warnt vor Schwierigkeiten in naher Zukunft. Seien Sie achtsam, was andere im Schilde führen.

Himmel Der Nachthimmel steht für vorübergehende Schwierigkeiten, während ein Sternenhimmel große Veränderungen im Leben verheißt.

Hindernis Vielleicht ein wenig offensichtlich, aber das Träumen von Hindernissen ist oft ein Hinweis darauf, dass Ihnen in der realen Welt Gefahren im Weg stehen, die Sie umschiffen und aus dem Weg räumen müssen.

Hintertür Eine Hintertür ist ein Symbol dafür, dass Sie intensiver nach einer Antwort auf ein Problem suchen müssen. Manchmal ist die Lösung nicht offensichtlich. Oder der Traum zeigt, dass Sie bei etwas eine Abkürzung suchen.

Hufeisen Ein Hufeisen im Traum bedeutet, dass Ihnen in naher Zukunft eine angenehme Reise bevorsteht.

COVID-19 UND TRÄUME

Nach dem weltweiten Ausbruch der COVID-19-Pandemie haben viele Menschen berichtet, dass sich das Virus auf ihre Träume ausgewirkt hat. Daraufhin hat ein Expertenteam der Universität Helsinki eine Studie an 4.000 Personen durchgeführt. Mehr als die Hälfte der Teilnehmer gab an, dass sich ihre Schlafgewohnheiten seit der Pandemie verschlechtert hätten und die Zahl ihrer lebhaften Träume zugenommen habe. Die meisten COVID-bezogenen Träume handelten von der Angst und Sorge, sich mit dem Virus anzustecken, sowie von den Gefahren, die von Menschen ausgingen, die sich nicht an die Regeln des Social Distancing hielten oder keine Masken trugen. Darüber hinaus ist einer Umfrage der Zeitschrift Frontiers of Psychology zufolge die Zahl der Personen, die über Albträume klagen, seit Ausbruch der Pandemie um 26 Prozent gestiegen.

Einige der Träume waren so lebhaft oder verstörend, dass viele ihre Albträume im Internet posteten (siehe etwa www.idreamofcovid.com).

Nicht nur Angst und Panik vor der Pandemie haben bei den Menschen zu lebhaften Träumen geführt. Einige berichten von Albträumen und verstörenden Träumen nach einer Impfung. Es ist wichtig zu beachten, dass Albträume und schlechte Träume keine Nebenwirkungen von derzeit erhältlichen Impfstoffen sind.

Wissenschaftler haben schon bald zur Beruhigung besorgter Menschen darauf hingewiesen, dass das Auftreten lebhafter Träume nach einer Impfung völlig normal und nur von kurzer Dauer ist. Es wird angenommen, dass die Reaktion durch eine Kombination aus Angst vor möglichen Nebenwirkungen des Impfstoffes und der Tatsache verursacht wird, dass der Schlaf (und insbesondere REM-Schlaf) gestört wird, weil der Körper als Reaktion auf den Impfstoff Antikörper produzieren muss.

Hund Ein Hund ist ein Symbol für Loyalität. Wenn Sie also an der Aufrichtigkeit einer Person gezweifelt haben, scheint diese doch vertrauenswürdig zu sein. Leider bedeutet ein Hund im Traum oft auch böswilligen Tratsch, vor allem seitens Arbeitskollegen.

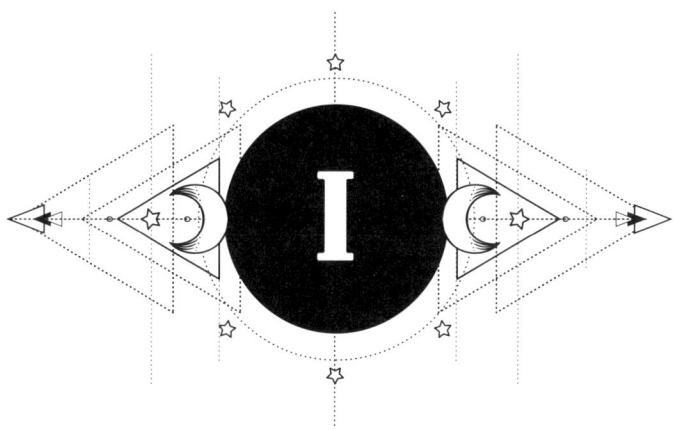

Ignorieren Dies könnte ein Szenario aus dem wirklichen Leben widerspiegeln, in dem Sie gerade über jemanden verärgert sind und ihn ignorieren. Wenn dies der Fall ist, sollten Sie überlegen, ob es nicht besser wäre, die Sache mit der Person ins Reine zu bringen. Wenn Sie träumen, jemanden zu ignorieren, kann das auch bedeuten, dass Sie bewusst etwas Negatives an seiner Persönlichkeit oder seinem Verhalten ignorieren wollen.

WARUM TRÄUME ICH IMMER NOCH VON MEINEM/MEINER EX?

Träume von einem Ex-Partner sind nicht ungewöhnlich. Dabei scheint es keine Rolle zu spielen, wie frisch die Trennung ist, wie lange man einander nicht gesehen hat, ob man im Guten auseinandergegangen ist oder nicht, wer Schluss gemacht hat oder ob man jetzt glücklich mit einer anderen Person verheiratet ist und vier Kinder hat!

Es gibt vielerlei Arten, wie Ihr Ex in Ihrem Traum auftauchen kann:

- **Sex mit dem Ex** – Wenn Sie träumen, Sex mit Ihrem Ex zu haben, bedeutet das nicht unbedingt, dass Sie auch wirklich Sex mit ihm haben wollen! Einerseits könnte es bedeuten, dass Sie einen Teil Ihrer früheren sexuellen Beziehung vermissen und dass Ihr derzeitiges Sexleben nicht so prickelnd ist. Oder aber der Sex mit Ihrem Ex war vielleicht nicht so gut und Sie möchten unbewusst zurückzureisen und es besser machen.

- **Streit mit dem Ex** – Träume über einen Streit mit dem Ex können bedeuten, dass Sie immer noch Wut auf ihn hegen. Vielleicht hatten Sie nicht die Gelegenheit, sich alles von der Seele zu reden und ihm mitzuteilen, was Sie eigentlich von ihm halten. Umgekehrt kann ein Traum über einen Streit mit dem Ex ein Symbol dafür sein, wie Sie sich in einer aktuellen Beziehung fühlen. Vielleicht plagen Sie Ängste und Sorgen oder Sie fühlen sich nicht imstande, offen mit Ihrem derzeitigen Partner zu kommunizieren. Vielleicht bringen Sie diese Gefühle in Ihrem Traum zum Ausdruck, indem Sie sie auf Ihren Ex richten.

- **Ein sterbender, toter oder kranker Ex** – Keine Sorge, diese Art von Traum bedeutet selten das, wonach es aussieht! Viel wahrscheinlicher weist er auf ungelöste Probleme und Dinge hin, die in Ihrer früheren Beziehung ungesagt blieben. Vielleicht bedauern Sie, dass Sie keine Gelegenheit haben werden, Ihrem Ex zu sagen, wie sehr er Sie verletzt hat, wie sehr Sie ihn vermissen oder auch wie sehr Sie ihn geliebt haben. Ein solcher Traum muss jedoch nicht negativ sein. Er kann das Ende einer Ära und den Beginn einer neuen symbolisieren. Es kann bedeuten, dass Sie nun endlich Ihre Erinnerungen und Emotionen aus dieser Beziehung hinter sich lassen und sich auf etwas Neues konzentrieren können.

- **Wieder mit dem Ex zusammenkommen** – Aus einem solchen Traum zu erwachen kann unangenehm sein und einen schalen Nachgeschmack hinterlassen, der einen den ganzen Tag über begleitet. Es bedeutet nicht, dass Sie wieder mit Ihrem Ex zusammenkommen möchten, aber es kann sein, dass Sie derzeit Single oder in einer unbefriedigenden Beziehung sind. Daher werden Sie beim Träumen über ein Liebes-Comeback wahrscheinlich über die Dinge nachdenken, die Sie an einer Beziehung schätzen und brauchen und die Ihnen momentan fehlen. Andererseits könnte der Traum bedeuten, dass Sie gerade erleben, wie sich die Geschichte wiederholt. Vielleicht machen Sie mit Ihrem neuen Partner die gleichen Fehler wie mit Ihrem Ex, oder Sie lassen sich von Ihrem Neuen gleich schlecht behandeln wie einst von Ihrem Ex. Der Traum könnte Ihnen als Weckruf dienen, etwas zu ändern.

- **Der hilfsbereite Ex** – Haben Sie geträumt, dass Ihr Ex Ihnen auf irgendeine Weise hilft, vielleicht indem er Ihnen einen Rat gibt? Eine Interpretation könnte sein, dass Sie ein solcher Traum auffordert, nicht die gleichen Fehler wie in der Vergangenheit zu machen, oder bei einem neuen Partner nicht das gleiche Verhalten wie damals zu dulden. Es spielt keine Rolle, welche Hilfe oder Ratschläge Ihr Ex im Traum gibt – es ist nur eine Metapher oder Mahnung, dass Sie aus der Vergangenheit lernen sollten.

- **Der untreue Ex** – Das ist ein gängiger Traum. Dabei spielt es keine Rolle, ob Ihr Ex Sie wirklich betrogen hat. Der Traum aber deutet darauf hin, dass Sie befürchten, von jemandem in Ihrem realen Leben betrogen zu werden. Es könnte sich dabei um einen Verrat seitens eines Freundes oder eines neuen Partners handeln, sei es Fremdgehen, Geschäftsbetrug oder dass Ihnen jemand in den Rücken fällt.

- **Dem Ex begegnen** – Der Traum, dem Ex-Partner beispielsweise in einem Geschäft oder auf einer Party über den Weg zu laufen, deutet darauf hin, dass es Eigenschaften gibt, die Sie an ihm vermissen. Möglicherweise ist er ganz aus Ihrem Leben verschwunden und Sie vermissen ihn, wenn auch nicht unbedingt auf romantische Art.

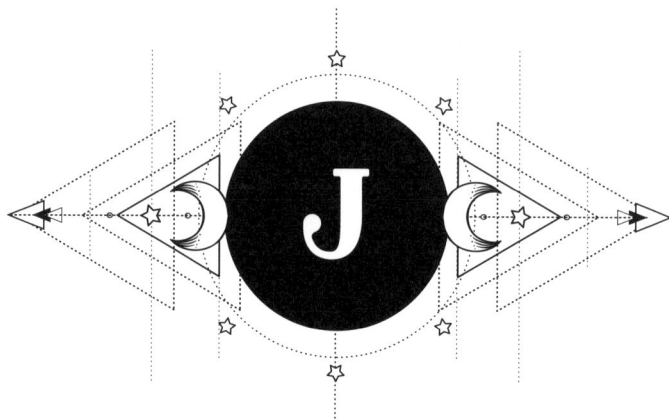

Junggeselle Die Begegnung mit einem Junggesellen in Ihrem Traum deutet darauf hin, dass Sie in Ihrem Liebesleben nach Freiheit streben. Träumt ein Mann, dass er Junggeselle ist, bedeutet dies, dass er Schwierigkeiten hat, sein Selbstbewusstsein oder ausreichende Freiheit in einer Beziehung zu erlangen. Der Junggeselle könnte aber auch Ihre männliche Seite repräsentieren und ein Zeichen dafür sein, dass Sie weniger emotional sein müssen.

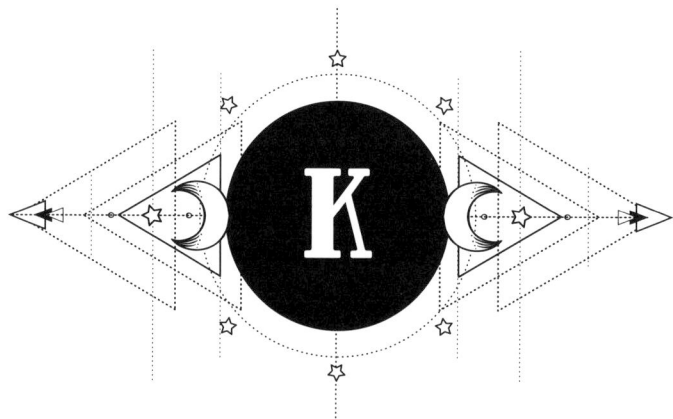

Käfig Wenn Sie im Traum in einem Käfig sind, fühlen Sie sich wahrscheinlich durch eine Beziehung oder eine Situation eingeengt oder kontrolliert. Davon zu träumen, ein Tier in einen Käfig zu sperren, hat eine positivere Symbolik: Sie überwinden Ihre Ängste und haben bei allem Erfolg, was Sie tun. Und wenn Sie von einem Vogel im Käfig träumen? Nun, das könnte mehr mit einem gefühlten Mangel an Spiritualität oder eingeengten Gedanken zu tun haben. Womöglich versucht jemand, Sie zurückzuhalten.

NAHRUNG UND TRÄUME

←—≪

Viele Menschen berichten, nach dem Genuss bestimmter Speisen oder Getränke Albträume zu haben. Vor allem Käse steht hier im Verdacht. Aber ist das wirklich wahr oder bloß ein Mythos?

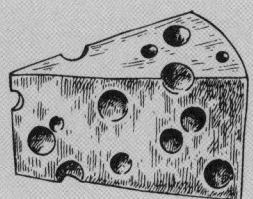

Das British Cheese Board (ja, das gibt es tatsächlich!) war so fasziniert von dieser These, dass es nachgeforscht hat. In einem einwöchigen Experiment bekamen 200 Teilnehmer dreißig Minuten vor dem Schlafengehen zwanzig Gramm Käse zu essen. Die Forscher baten die Teilnehmer, ein Schlaftagebuch zu führen, und stellten sich auf Berichte von seltsamen Träumen und Albträumen ein. Überraschenderweise berichtete keiner der Teilnehmer von einem Albtraum, 75 Prozent hatten im Laufe der Woche sogar durchgängig gute, erholsame Nächte.

Die Studie hat jedoch ergeben, dass verschiedene Käsesorten unterschiedliche Arten von Träumen verursachen:

- Cheddar: Ruhm.
- Lancashire: Arbeit.
- Red Leicester: Kindheit.
- Cheshire: keine Träume.
- Stilton: Bizarre Träume.

Warum aber klagen manche Menschen nach dem Verzehr von Käse über Albträume, während andere behaupten, sie hätten den besten Schlaf seit langem gehabt? Es liegt an den Nährstoffen. Käse ist eine ausgezeichnete Quelle für die Aminosäure Tryptophan, die Stress abbaut und einen ruhigen Schlaf fördert. Allerdings enthält Käse auch einen hohen Anteil an Vitamin B6. Dieses Vitamin kann den Serotoninspiegel erhöhen, was dazu führen kann, dass die Träume lebhafter und leichter erinnerbar werden.

Abgesehen vom Käse kursieren aber auch Geschichten über Koffein im Kaffee, Melatonin in Bananen, Gewürze in Curry und scharfen Soßen und Zucker in kohlensäurehaltigen Getränken, Keksen und Eiscreme, die alle lebhafte Träume, Albträume und Schlafstörungen begünstigen sollen. Einige Lebensmittel haben jedoch genau den gegenteiligen Effekt und führen zu einer entspannten Nacht mit tiefem und erholsamem Schlaf. Lebensmittel wie Erdnussbutter und Marmelade, Mandeln, Kiwi, Truthahn oder Kamillentee sind ausgezeichnete Alternativen.

FLIEGEN

Wenn Sie träumen, zu fliegen oder vielleicht sich vom Alltag und Ihrem Zuhause emporzuschwingen, kann das positiv oder negativ sein. Einerseits kann ein solcher Traum dazu führen, dass Sie sich frei und losgelöst, unbeschwert und sorglos fühlen. Andererseits kann er auch ein Zeichen dafür sein, dass Sie sich von der Realität des Alltags lösen wollen. Wer sich gesellschaftlich eingeengt fühlt, träumt wahrscheinlich eher vom Fliegen. Das weist auf das Bedürfnis hin, sich von der vorherrschenden Meinung zu lösen. Ein solcher Traum kann aber auf die Notwendigkeit hinweisen, eine Verbindung zu einer Person oder einem Ort abzubrechen.

SEELENFLUG

Träume vom Fliegen können Teil einer außerkörperlichen Erfahrung sein, bei der sich die Seele oder der Geist der Person auf eine Reise begibt und später in den schlafenden Körper zurückkehrt.

Kaiserin oder Kaiser Sie warnen davor, dass einer nahestehenden Person ihr Stolz zum Verhängnis werden wird.

Kaktus Seine spitzen Stacheln symbolisieren, dass Ihre Grenzen überschritten werden. Oder aber sie bedeuten, dass es Ihnen vielleicht schwer fällt, Arbeit und Privates zu trennen.

Kalender Ein Kalender im Traum steht für das Vergehen der Zeit. Dies könnte Sie im Traum beunruhigen, vor allem, wenn Ihnen das Älterwerden Sorgen bereitet. Es kann auch eine Erinnerung daran sein, dass etwas Wichtiges bevorsteht und Sie sich darauf vorbereiten müssen.

Kamel Wenn Sie von einem Kamel träumen, lasten derzeit wahrscheinlich zu viele Bürden auf Ihren Schultern. Es ist Zeit, Ihre Aufgaben zu überdenken, sich nach Möglichkeit davon zu trennen oder sie zu delegieren, damit Sie sich nicht zuviel aufhalsen.

Kamera Eine Kamera im Traum steht für Ihren Wunsch, in der Vergangenheit zu leben oder daran festzuhalten. Oder aber sie Sie müssen Ihren Fokus auf eine bestimmte Sache richten und sich ein klareres Bild verschaffen. Ist die Kamera in Ihrem Traum kaputt, ignorieren Sie vielleicht ein Problem oder Sie weigern sich, das Gesamtbild zu sehen. Ist im Traum eine versteckte Kamera auf Sie gerichtet, haben Sie wahrscheinlich das Gefühl, genau unter die Lupe genommen zu werden.

Kampf Dieser symbolisiert innere Unruhe und Konflikte mit sich selbst.

Kanarienvogel Er steht für Glück und Harmonie — genießen Sie diese Zeit in vollen Zügen. Oder aber der Traum deutet auf eine neu aufkeimende Beziehung oder Ihre Sehnsucht danach hin.

Känguru Ein Känguru im Traum bedeutet, dass Sie jemanden überlisten werden, der Sie übertrumpfen und Ihren Ruf ruinieren will. Wenn ein Känguru Sie angreift, ist Ihr Ruf eindeutig in Gefahr. Wenn Sie ein Känguru töten, werden Sie Hindernisse überwinden und trotz der Gegenwehr Ihrer Feinde erfolgreich sein.

Kaninchen Glück, Überfluss, Erfolg, Magie und vielleicht ein bisschen romantische Liebe sind alles Dinge, die sich bei Ihnen einstellen könnten, wenn ein Kaninchen in Ihrem Traum auftaucht. Wenn das Kaninchen weiß ist, können Sie sich der Liebe Ihres Partners gewiss sein, ein schwarzes Kaninchen deutet auf Angst vor Intimität hin. Wenn das Kaninchen hoppelt, dann kündigt sich in naher Zukunft ein Baby an.

Kannibalismus Gibt es etwas oder jemanden, der Ihnen ständig Energie entzieht und Sie erdrückt? Das könnte der Grund sein, warum Sie von Kannibalismus träumen. Es bedeutet, dass jemand Sie bei lebendigem Leib verspeist!

Kanu Ein Kanu im Traum steht für Gelassenheit, Einfachheit und Unabhängigkeit. Es spiegelt auch Ihr emotionales Gleichgewicht wider. Sie kommen dank Ihrer Kraft und Entschlossenheit weiter.

Katze Ein Katzentraum kann auf zwei Arten inter-
pretiert werden: Zum einen deutet er auf Verrat in Ihrer
Umgebung hin, zum anderen bedeutet er Glück, besonders wenn die Katze schwarz ist.

Kerze Eine Kerzenflamme wird oft in der Meditation verwendet, um ein Gefühl
von Frieden, Ruhe und Erleuchtung zu erzeugen. Im Traum erfüllt sie densel-
ben Zweck. Eine nicht angezündete Kerze deutet jedoch auf Enttäuschung und
ein Versäumnis hin. Wenn Sie versuchen, die Kerze anzuzünden, dies aber nicht
gelingt, trauern Sie wahrscheinlich über den Verlust einer Person oder eine ver-
tane Chance. Eine brennende Kerze kann auch eine Geburt in der Familie, eine
erloschene einen Todesfall in Ihrem Umkreis bedeuten.

Kessel Er deutet darauf hin, dass viel harte Arbeit vor Ihnen liegt. Ein kochen-
der Kessel ist ein gutes Zeichen. Er kündigt an, dass sich die Dinge bald zum
Besseren wenden werden. Ein zerbrochener Kessel deutet auf Versagen und eine
Enttäuschung hin. Die Farbe des Kessels ist ebenso wichtig. Ein helles Exemplar
verheißt eine angenehme Zukunft. Ist er hingegen schwarz, droht eine Enttäuschung in Liebesdingen.

Kinderwagen oder Buggy Ein Traum mit einem Kinderwagen kann
vielerlei bedeuten. Auf der einen Seite könnte er Ihren Wunsch symbolisieren,
eine Familie zu gründen. Ist der Kinderwagen hingegen leer, sind Sie womöglich
traurig oder haben ein unerreichtes Ziel.

Knebel Wenn Sie träumen, dass Sie geknebelt werden oder ersticken, bedeutet
das, dass Sie es nicht schaffen, jemandem etwas zu sagen. Vielleicht kommunizieren Sie nicht offen, wie Sie sich in einer bestimmten Situation fühlen.

Knoblauch Ein Knoblauchbeet bedeutet den
Aufstieg aus der Armut. Eine Frau wird sich mit
einem Partner verbinden, der ihr einen guten
Lebensstandard bietet, und nicht nach Liebe
suchen. Knoblauch zu essen bedeutet, das Leben
realistisch zu betrachten.

GLAS

Der Blick durch Glas zeigt, dass das, was Sie sich erhoffen, nicht in Erfüllung gehen wird und Sie möglicherweise sehr enttäuscht sein werden.

- Der Anblick Ihres eigenen Bildes im Spiegel sagt voraus, dass Sie sich mit einem Partner einlassen, der gleichgültig und untreu ist. Ihre Investitionen sind reine Geldverschwendung.
- Sehen Sie das Gesicht einer anderen Person im Spiegel, deutet das darauf hin, dass Sie ein Doppelleben führen und andere täuschen möchten.
- Das Zerbrechen eines Spiegels gilt allgemein als schlechtes Omen.
- Ein volles Trinkglas bedeutet, dass Sie bald von einem geliebten Menschen hören werden. Ist es jedoch leer, wird es vorübergehend Schwierigkeiten geben. Ein zerbrochenes Glas bedeutet, dass Wünsche in Erfüllung gehen werden.
- Wenn eine verheiratete Frau ihren Mann im Spiegel sieht, ist das eine Warnung. Sie sollte ihn im Auge behalten, da er anfangen könnte, ein Auge auf andere Frauen zu werfen.
- Wenn ein verheirateter Mann im Spiegel eine unbekannte Frau sieht, könnte er sein Geld in einem zwielichtigen Geschäftsmodell verlieren.
- Der Blick durch ein Glasfenster bedeutet, dass Sie bald Arbeit oder einen besseren Job finden werden. Sie werden aber hart arbeiten müssen.

Kohl Auch wenn Sie im realen Leben einen Bogen um Kohl machen, heißt das nicht, dass Sie nicht davon träumen können! Das Gemüse ist das ein Zeichen dafür, dass Sie Ihre Zeit nicht mit unbedeutenden Dingen vergeuden sollten. Sparen Sie Ihre Energie und konzentrieren Sie sich auf die wichtigen Dinge im Leben.

Konservenglas Ein leeres Konservenglas bedeutet Geldnöte und Unglück, ein volles steht für Erfolg. Wenn Sie ein Glas in einem Geschäft kaufen, werden Sie Erfolg haben, aber erst nach viel harter Arbeit. Zerbrochene Konservengläser deuten auf Sorgen in gesundheitlichen Belangen oder andere Enttäuschungen hin.

Krankheit Träume von einer Krankheit, sei es die eigene oder die einer anderen Person, bedeuten nicht gleich, dass jemand tatsächlich krank ist. Vielmehr ist es ein Anstoß für Sie, das Leben zu genießen und sich zu vergegenwärtigen, dass das Leben kurz ist.

Kreuzungen Sie deuten darauf hin, dass Sie sich im echten Leben an einer Kreuzung befinden, an der bald wichtige Entscheidungen anstehen.

Krieg Innere Konflikte, Unruhen oder die Frage, zu wem Sie in einem Streit im Freundes- oder Familienkreis halten sollen, werden alle durch Träume von einem Krieg angezeigt. Wenn Sie im Traum als Friedensstifter auftreten, haben Sie wahrscheinlich das Gefühl, zwischen zwei Seiten zu stehen und sich für eine entscheiden zu müssen.

Kuchen Wenn Ihnen bewusst wird, dass Sie nicht alles selbst machen müssen und eine Last mit Freunden und Familie teilen können, kann das dazu führen, dass Sie von Kuchen träumen. Ein halb verzehrter Kuchen bezieht sich jedoch auf verpasste Chancen.

Kuh Kühe stehen für Reichtum, da sie in vielen Kulturen mit Wohlstand zusammenhängen. Kühe im Traum gelten allgemein als gutes Zeichen.

Kuss Ein Kuss symbolisiert Liebe, Zuneigung, Harmonie und Romantik – Emotionen, nach denen Sie sich im Moment wahrscheinlich sehnen.

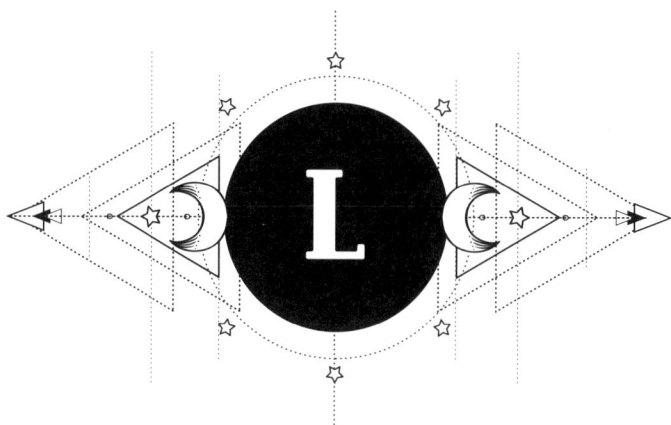

Lampe Wenn die Lampe brennt, ist das ein gutes Omen für geschäftliche Angelegenheiten. Ist sie aber ausgeschaltet, verheimlicht Ihnen jemand etwas.

Landkarte Eine Landkarte im Traum sagt Ihnen eine lange Reise voraus, die etwas mit Arbeit oder Vergnügen zu tun hat. Es besteht auch die Möglichkeit, dass Sie Teil eines großen Abenteuers werden.

Lehrer Von einem – früheren oder zukünftigen – Lehrer zu träumen bedeutet, dass Sie derzeit Rat oder Hilfe bei etwas benötigen. Es könnte auch sein, dass Sie für etwas Akzeptanz suchen.

Leichenwagen Ein Leichenwagen im Traum bedeutet nicht, dass ein Mensch sterben wird und Sie zu einer Beerdigung gehen werden. Er deutet darauf hin, dass Sie sich gerade in einer transformativen Phase Ihres Lebens befinden, in der Sie etwas hinter sich lassen und sich auf Neues einstellen.

Leistung Wenn Sie träumen, etwas erreicht zu haben, bedeutet dies, dass Sie mit dem Ergebnis einer Situation oder eines Projekts zufrieden sein werden – je bedeutender die Leistung, desto größer die Zufriedenheit.

Löwe Das Tier ist ein Symbol für Unabhängigkeit, Führungsstärke und Kühnheit. Ein Löwe im Traum ist ein Hinweis darauf, dass Sie bald die Führung in einer wichtigen Angelegenheit übernehmen werden.

Löwenzahn Wenn Sie im Traum die Samen von Löwenzahn wegpusten, ist das oft eine Rückkehr in die Kindheit, besonders wenn sie glücklich und unbeschwert war. Ein solcher Traum kann aber auch bedeuten, dass Sie das Gefühl von Jugend und Freiheit wiedererlangen wollen und dass es Sie bekümmert, dass die Zeit zu schnell vergeht.

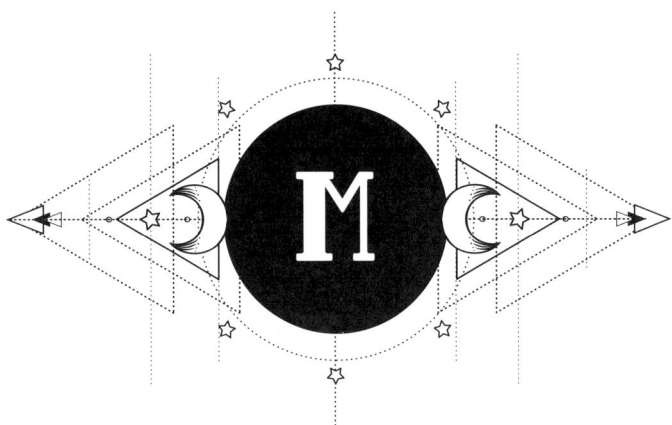

Maden Sie symbolisieren oft Angst und Furcht vor dem eigenen Tod oder dem einer Person, die Ihnen nahe steht. Schwarze Maden weisen darauf hin, dass Sie ein Problem leugnen. Maden, die aus Ihrem Mund hervortreten, deuten darauf hin, dass Sie bei etwas, das Sie kürzlich gesagt oder getan haben, nicht ehrlich waren.

Makkaroni Makkaroni oder andere kleine Nudeln könnten kleine Verluste bedeuten. Große Mengen davon deuten aber darauf hin, dass Sie mit ein wenig Besonnenheit Geld sparen können. Es ist auch ein typisches Vorzeichen für einen großen, dunklen Fremden, der in das Leben einer Frau tritt – ob er etwas taugt oder nicht... Nun, das wird die Zeit zeigen!

Manuskript Wenn Sie im Traum ein Manuskript schreiben, bezieht sich das auf Ihre Ambitionen, Ziele und Wünsche. Vielleicht liegt Ihnen zu viel daran, ein bestimmtes Ziel zu erreichen. Gehen Sie es langsamer an und genießen Sie es.

Mäuse Mäuse, Hamster, Streifenhörnchen, Rennmäuse und Kleintiere im Allgemeinen deuten auf eine Reihe kleinerer Probleme und Schwierigkeiten hin, die auf Sie zukommen.

Messer Ein Traum mit einem Messer ist eine Warnung vor einer Gefahr.

Missbrauch Träume über Missbrauch können mit vergangenen Traumata in Verbindung stehen aber auch darauf hinweisen, dass Sie in einer Beziehung dominiert werden – dies kann Ihr Arbeitsumfeld oder Privatleben betreffen.

Misserfolg Sie träumen möglicherweise von Misserfolgen, wenn Sie sich unsicher und wertlos fühlen. Vielleicht sind Sie überfordert oder unter Druck.

Mission Eine Mission repräsentiert die Etappen, die Sie durchlaufen müssen, um Ihre Ziele in Ihrem realen Leben zu erreichen. Es wird Hindernisse und Hürden geben, die sie irgendwie überwinden müssen – auch wenn es schwierig wird, das Ergebnis ist die Mühe wert.

Mistelzweig Wir alle wissen, dass wir uns unterm Mistelzweig küssen sollten. Passend dazu, verheißt ein Traum mit einem Mistelzweig gute Beziehungen.

Mond Der Mond deutet darauf hin, dass Sie die Dinge nicht klar sehen können und womöglich ein Schwindel in der Luft liegt. Warten Sie lieber ab, bis sich die Dinge offenbaren, bevor Sie aktiv werden.

Morgendämmerung Sie ist ein Symbol für Verjüngung, Erleuchtung und Vitalität. Sie lassen eine Phase Ihres Lebens hinter sich und haben neue Einsichten gewonnen oder ein Neustart in Ihrem Leben steht bevor.

Möwen Einerseits kann eine Möwe eine Metapher für Stärke und Kraft sein, andererseits kann sie auch für das Bedürfnis stehen, Dingen, Alltag und Problemen zu entfliehen. Der Traum könnte also bedeuten, dass Sie eine Pause brauchen.

Muscheln Sie stehen für Schutz und verborgene Dinge. Vielleicht halten Sie etwas vor jemandem als eine Art Selbstschutz geheim, oder vielleicht wird Ihnen geraten, Ihre Meinung für sich zu behalten.

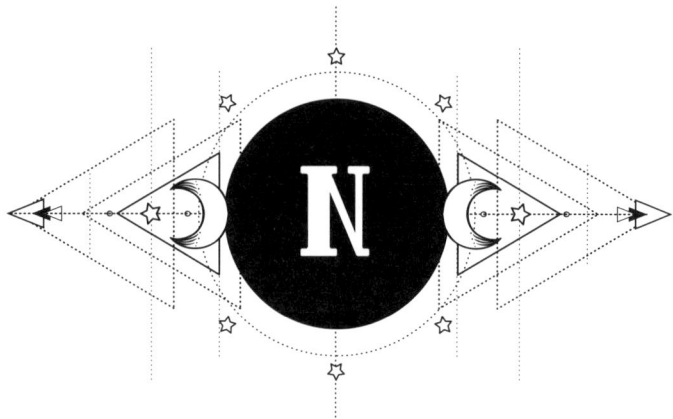

Nachruf Wenn Sie Im Traum Ihren eigenen Nachruf lesen, bedeutet das nicht, dass Sie sterben werden, sondern wahrscheinlich, dass Sie sich selbst unterschätzen oder ein geringes Selbstwertgefühl haben. Wenn Sie lesen, was Sie erreicht haben und wie sehr man Sie geliebt hat, wird Ihnen bewusst, wie wichtig Sie für andere sind.

Nacktheit Träume vom Nacktsein sind sehr häufig. Es zeigt, dass Sie unsicher in einer Angelegenheit sind oder sich Sorgen machen, dass Ihre Unzulänglichkeiten ans Tageslicht kommen. Das „Hochstapler-Syndrom" – der Gedanke, dass Sie Ihren Erfolg nicht verdienen oder nicht durch Ihre eigenen Fähigkeiten und Anstrengungen erzielt haben – führt häufig zu Träumen, bei denen man nackt in der Öffentlichkeit ist.

Nadel Eine Nadel kann ein Symbol für Schmerzen, aber auch für Heilung sein. Vielleicht durchleben Sie derzeit eine schmerzhafte Situation, die jedoch nicht von Dauer ist.

Narzisse Ein Traum über diese Blumen bedeutet in der Regel Neuanfang, Optimismus und die Fähigkeit, von vorn zu beginnen.

Neujahr Träume vom Neujahr bedeuten Wohlstand und Glück in persönlichen Beziehungen. Wenn Sie sich im Traum beim Gedanken an Neujahr müde fühlen, sollten Sie acht geben, sich nicht mit dem Falschen einzulassen.

Nonne Ihnen ist in naher Zukunft Seelenfrieden beschieden.

Notfall Im Traum einen Notfall zu erleben, ist eine Warnung, dass in Ihrem realen Leben etwas Ihre Aufmerksamkeit erfordert.

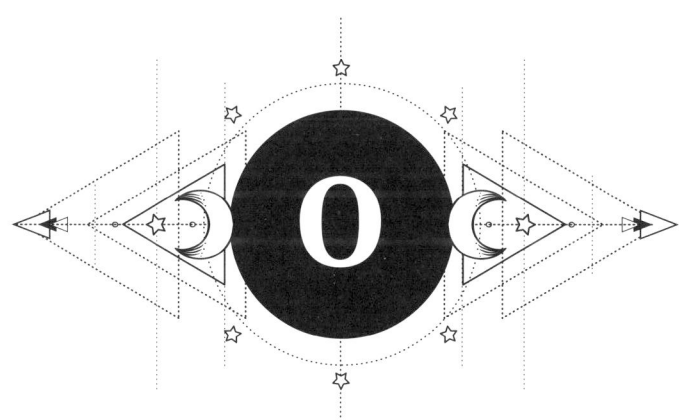

Opfer Wenn Sie im Traum ein Opfer sind, soll dies Ihnen Selbstvertrauen verleihen, im wirklichen Leben für sich selbst einzustehen.

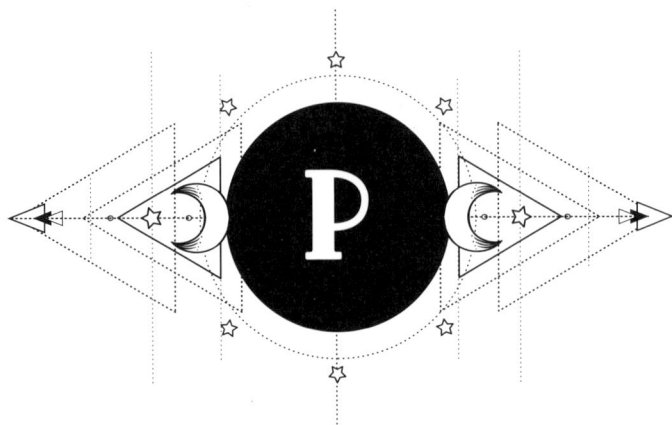

Packen Große Veränderungen stehen in Ihrem Leben bevor, wenn Sie träumen, dass Sie Koffer oder Kartons einräumen. Vielleicht verstauen Sie alte Probleme und Sorgen oder packen gute Erinnerungen ein, um sie mitzunehmen. Auf jeden Fall verlassen Sie einen alten Schauplatz, um einen Neuanfang zu machen.

Paket Wenn Sie träumen, ein Paket zu erhalten, werden Sie Besuch von jemandem bekommen, den Sie schon lange nicht mehr gesehen haben. Vielleicht erhalten Sie auch Geld zurück, das man Ihnen schuldet. Wenn Sie ein Paket tragen, werden Sie bald eine schwierige Aufgabe zu meistern haben. Ein Paket fallen zu lassen bedeutet, dass ein Geschäft nicht zustande kommt.

Palme Eine Palme im Traum kündigt eine glückliche Zeit an. Ein Spaziergang durch eine Palmenallee verheißt ein fröhliches und behagliches Zuhause und einen treuen Partner. Sterbende Palmen hingegen stehen für traurige Nachrichten.

Papagei Er ist oft ein Symbol für Klatsch oder unbedachtes Gerede – vielleicht sind Sie selbst daran nicht ganz unschuldig? Er könnte bedeuten, dass Sie Gegenstand von Klatsch und Tratsch sind und Sie sich in Acht nehmen müssen.

Papier Sauberes Papier deutet an, dass sich Ihre Situation verbessert, schmutziges Papier hingegen, dass Sie Unrecht erleiden werden.

Pavian Ein Pavian im Traum bedeutet, dass Sie mehr aus sich herausgehen müssen. Sie müssen Ihre Gefühle anderen gegenüber offensichtlicher zeigen.

MEDIKAMENTE UND TRÄUME

Arzneimittel, welche die Neurotransmitter in unserem Gehirn beeinflussen, wie z. B. Antidepressiva und Blutdruckmedikamente, können bei manchen Personen verstörende Träume und Albträume hervorrufen. Bestimmte Medikamente sind dafür besonders bekannt:

- **Antidepressiva.** Einige Arten von Antidepressiva, die auch als SSRI oder Selektive Serotonin-Wiederaufnahmehemmer bekannt sind, rufen bekanntlich als Nebenwirkung lebhafte und verstörende Träume hervor. Dies gilt besonders für Prozac (Fluoxetin), Zoloft, Paxil und Vilazodon.
- **Blutdruckmedikamente.** Betablocker, die zur Regulierung des Blutdrucks und zur Verlangsamung der Herzfrequenz bei Vorhofflimmern oder Angina pectoris eingesetzt werden, sind die häufigste medikamentöse Ursache für Albträume und lebhafte Träume. Zu den Betablockern gehören Bisoprolol, Propranolol, Metoprolol, Atenolol und Labetalol.
- **Antihistaminika.** Rezeptfreie Allergiehemmer wie insbesondere Benadryl, Zyrtec, Clarityn, Allegra und Aller-Chlor stehen immer wieder im Verdacht, schlechte Träume zu verursachen.
- **Steroide.** Die Steroide Prednison und Methylprednison können chemische Vorgänge im Gehirn, Stimmung und Qualität des Schlafes beeinträchtigen und somit lebhafte und verstörende Träume auslösen.
- **Medikamente gegen die Parkinsonsche Krankheit.** Amantadin ist ein gängiges Medikament, das zur Behandlung einiger Symptome der Parkinson-Krankheit eingesetzt wird. Zu den berichteten Nebenwirkungen gehören Verwirrung, Schlaflosigkeit, Halluzinationen und lebhafte Träume, oft sexueller Natur.
- **Statine.** Cholesterinsenkende Statine können bei einigen Patienten Träume und Schlafstörungen bewirken.
- **Medikamente gegen Alzheimer** Donepezil und Rivastigmin sind zwei Medikamente zur Behandlung von Demenz bei Alzheimer-Patienten, die bei nächtlicher Einnahme leider Albträume verursachen können.

Natürlich ist zu bedenken, dass diese Arzneien für Patienten viele positive Eigenschaften haben – einige davon retten sogar Leben. Dass sie Schlafstörungen, schlechte Träume oder Albträume verursachen können, sollte daher kein Grund sein, sie abzusetzen.

Pfau Ein schöner Pfau verheißt Reichtum seitens der Familie.

Pferd Ein schwarzes Pferd steht für Enttäuschungen, ein braunes für Stagnation und Verzögerungen. Ein graues Pferd weist auf Unruhe und Unsicherheit hin und ein weißes verheißt eine positive finanzielle Entwicklung.

Plage Ein Traum von einer Insekten- oder Rattenplage kann zwei Bedeutungen haben. Entweder haben Sie vielleicht das Gefühl, dass eine kleine Angelegenheit unverhältnismäßig aufgebauscht wurde und nun Ihr Leben beherrscht. Oder Sie spüren, dass jemand oder etwas in Ihre Privatsphäre eindringt und es an der Zeit ist, sich nichts dreinreden zu lassen.

Polizist Ein Polizist in Ihrem Traum bedeutet nicht, dass Sie verhaftet werden. Es ist eher ein Hinweis darauf, dass sich nach einer hektischen oder schwierigen Phase endlich Ruhe und Zufriedenheit einstellt.

Quarantäne Möglicherweise werden Sie von Personen, die nicht Ihr Bestes im Sinn haben, in eine schwierige Lage gebracht. Es könnte auch eine Warnung vor einer tatsächlichen Quarantäne sein, weil Sie nicht ganz gesund sind.

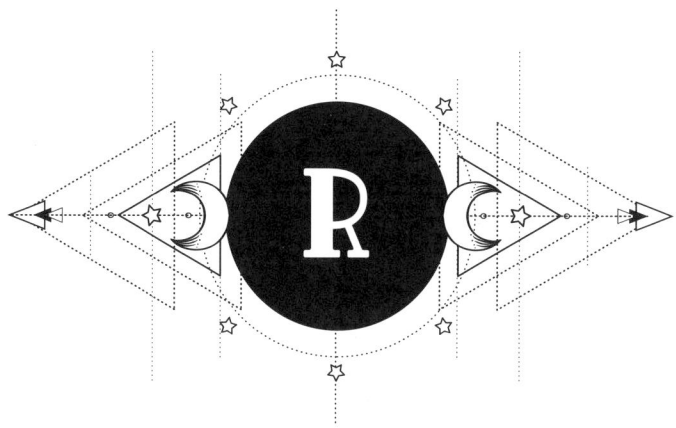

Rad Wenn in Ihrem Traum ein Rad vorkommt, steht Ihnen in naher Zukunft eine Veränderung zum Besseren bevor.

Ratschläge Manchmal gibt Ihnen eine weise Person im Traum einen Rat zu Ihrem Liebesleben, Ihrer Familie oder Ihrer Arbeit. Dies ist eine Botschaft Ihres Unterbewusstseins, die Sie beherzigen sollten.

Ratten Eine Ratte im Traum ist ein Zeichen von Schuld-gefühlen, Traurigkeit oder Neid. Nehmen Sie sich etwas Zeit, um Ihre wahren Gefühle über eine aktuelle Situation zu erfor-schen. Es kann sich um eine Warnung handeln, einer „Ratte", die in Ihr Leben kommt, nicht zu vertrauen.

Regen Er symbolisiert Vergebung und einen Neuanfang – so, als würde er schlechte Dinge wegwaschen. Regen zu hören oder zu beobachten, hat eine spirituelle Konnotation, die möglicherweise anzeigt, dass Sie sich stärker Ihrer spirituellen Seite bewusst werden.

Regenbogen Ein Regenbogen im Traum verheißt eine bessere Zukunft, ein doppelter Regenbogen kündigt finanzielles Glück in naher Zukunft an. Er kann auch ungewöhnliche Ereignisse verheißen und darauf hindeuten, dass sich die Dinge allgemein zum Guten wenden. In Liebesangelegenheiten ist er ein gutes Omen für Glück und Erfolg. Glück, Hoffnung, Geld, Erfolg, Freude – was könnte besser sein, als einen Regenbogen im Traum zu sehen? Er kann auch eine Brücke von Ihrem bewussten Sein zu Ihrem spirituellen Wesen symbolisieren und somit auf eine wachsendes Bewusstsein für Ihre Spiritualität hinweisen.

Reh Ein Reh steht für Schönheit, Anmut und Sanftheit, aber auch Wachsamkeit. Dies sind alles Eigenschaften, auf die Sie sich im realen Leben konzentrieren sollten.

Reise Das Leben ist eine Reise, und im Traum erscheint eine Reise als Metapher für Ihr reales Leben. Vielleicht begeben Sie sich gerade auf eine Entdeckungsreise. Eine Reise bedeutet auch, etwas oder einen Ort zu verlassen. Das ist notwendig, wenn Sie sich voll und ganz auf die Zukunft einlassen wollen.

Reisen Wenn Sie von einer Reise träumen, deutet dies auf eine bevorstehende, wichtige Reise hin.

Rennen Wenn Sie träumen, dass Sie an einem Rennen teilnehmen, deutet das auf Ihren Wettbewerbsgeist hin. Vielleicht befinden Sie sich gerade bei der Arbeit in einer Konkurrenzsituation mit einem Kollegen oder einem anderen Unternehmen. Andererseits kann ein Traum von einem Rennen darauf hinweisen, dass Sie sich im Moment zu viel aufhalsen oder Sie sich sorgen, dass Ihnen bei einem bestimmten Projekt die Zeit davonläuft.

Rettungswagen Ein Rettungswagen soll im Traum davor warnen, dass es irgendeine Form von Krankheit in der Familie geben wird.

Riese Ein Riese im Traum bedeutet ein großes Hindernis, das Ihnen beim Erreichen eines Ziels im Weg steht. Sie müssen sich überlegen, wie Sie es aus dem Weg schaffen können.

Rose Gesellschaftlicher Erfolg ist Ihnen bestimmt und Sie werden die soziale Leiter emporsteigen.

Rucksack Ein voller Rucksack ist ein Zeichen für all die Entscheidungen, Belastungen und die Verantwortung, die Sie im Moment mit sich herumtragen. Jetzt ist der richtige Zeitpunkt, um zu sehen, ob Sie sich von diesen Dingen befreien können. Ein leerer Rucksack hingegen ist ein Symbol für unbekannte Abenteuer, die da draußen auf Sie warten. Es ist an der Zeit, ein Risiko einzugehen und sich aktiv auf die Suche nach diesen Abenteuern zu begeben.

Rückwärts Wenn Sie sich im Traum rückwärts bewegen, ist Ihr derzeitiges Handeln möglicherweise kontraproduktiv. Was auch immer Sie im Leben anstreben, es scheint sich von Ihnen zu entfernen. Vielleicht fühlen Sie sich als Versager oder glauben, dass Ihre Ziele und Wünsche unerreichbar sind. Andererseits kann eine Rückwärtsbewegung darauf hindeuten, dass Sie einen Rückzieher machen oder sich aus einer Situation im realen Leben zurückziehen müssen.

Ruhig Sind Sie im Traum ruhig und gefasst? Dann fühlen Sie sich im wahren Leben wahrscheinlich gerade glücklich. Wenn Sie im Traum von jemandem aufgefordert werden, sich zu beruhigen, könnte ein Rückschlag bevorstehen, der noch schlimmer wird, wenn Sie Ihre Emotionen nicht unter Kontrolle haben.

Sackgasse Wenn Sie träumen, in einer Sackgasse festzustecken, kann das eine wörtliche Bedeutung haben: Sie sind am Ende einer Sache – vielleicht eines Projekts oder einer Beziehung – angelangt. Es ist aber auch ein Hinweis, dass etwas nicht mehr funktioniert und dass Sie einen anderen Weg einschlagen müssen.

Salz In vielen Traditionen soll Salz Schutz vor dem Bösen bieten. Träume von Salz können also darauf hindeuten, dass Sie vorsichtig sein müssen.

Saphir Von einem Saphir zu träumen, deutet auf einen Gewinn oder Geldsegen sowie auf eine gute Partnerwahl hin.

Säure Symbolisiert Toxizität, Wut, Rache und Kontrollverlust. Wenn es in Ihren Träumen vor allem um Säure geht, achten Sie auf Ihre aktuellen Emotionen.

Schauspieler oder Schauspielerin Träumen Sie davon, auf der Bühne oder in einem Film zu brillieren? In diesem Fall müssen Sie darauf achten, anderen nicht zu sehr zu vertrauen, da sie Sie vielleicht täuschen.

Schlafendes Kind Ein Traum von einem schlafenden Kind ist ein Zeichen für bevorstehendes Glück.

Schlüssel Er kann ein Symbol für Verschiedenes sein. Vielleicht bezieht er sich auf einen Wohnungs- oder sogar Ortswechsel. Möglicherweise ist er auch eine Metapher dafür, dass Sie endlich die Wahrheit über etwas oder jemanden herausfinden. Wenn Sie träumen, dass Sie mit dem Schlüssel einen Tresor, eine Schreibtischschublade oder eine Tür verschließen, könnte das bedeuten, dass Sie Dinge zu sehr für sich behalten und anderen gegenüber offener sein müssen. Wenn Sie im Traum einen Schlüssel finden, stehen Sie kurz davor, die Lösung für ein Problem zu finden.

Schmerzen Manchmal können uns unsere Träume vor gesundheitlichen Problemen warnen. Dies gilt insbesondere für Träume über bestimmte Schmerzen. Es empfiehlt sich, einen Arzt aufsuchen, wenn Sie regelmäßig von Schmerzen in demselben Bereich Ihres Körpers träumen.

Schnee Im Allgemeinen verheißt das Träumen von Schnee nichts Gutes, da er für eine Vielzahl mehr oder minder unangenehmer Dinge stehen kann, etwa krank auszusehen, auch wenn man sich nicht wirklich krank fühlt, enttäuscht vom Leben zu sein und etwas an sich Angenehmes nicht genießen zu können. Schmutziger Schnee bedeutet Gefahr für Ihren guten Ruf. Skifahren oder Rodeln steht für eine falsche Partnerwahl. Schmelzender Schnee hingegen verwandelt Traurigkeit in Freude. Somit muss Schnee im Traum nicht immer ein Vorbote für etwas Schlechtes sein.

Schrank Ein Schrank symbolisiert den weiblichen Körper und die Gebärmutter; Sie sollten sich also vielleicht einmal untersuchen lassen, wenn Sie als Frau davon träumen. Eine alternative Deutung ist, dass Sie Dinge vor anderen verbergen und offener sein müssen.

SCHWANGERSCHAFT

←—《

Schwangere Frauen berichten oft von lebhaften Träumen. Nicht nur nimmt die Anzahl der Träume während der Schwangerschaft zu, sondern auch die Fähigkeit, sich an diese Träume zu erinnern, verbessert sich. Dies könnte darauf zurückzuführen sein, dass werdende Mütter aufgrund ihrer Müdigkeit mehr schlafen oder öfter ein Nickerchen machen. Oder aber es handelt sich um eine Folge der hormonellen Veränderungen.

Typische Träume schwangerer Frauen sind:

- **Angstträume.** Werdende Mütter haben vielerlei Ängste. Sie machen sich Sorgen darüber, zum ersten Mal Mutter zu werden, Kind und Karriere vereinbaren zu können oder wie es finanziell aussieht. Was auch immer der Grund für die Ängste ist, sie führen wahrscheinlich zu Träumen, die ihre Gefühle im realen Leben widerspiegeln.

- **Träume über die Schwangerschaft oder Mutterschaft.** Die Tatsache, dass schwangere Frauen im Wachzustand wahrscheinlich über ihre Schwangerschaft, die Geburt oder das zukünftige Baby nachdenken, erhöht die Wahrscheinlichkeit, dass sie von der Mutterschaft und Schwangerschaft auch träumen. In diesen Träumen kann es darum gehen, dass das Baby mit ihnen spricht, dass sie das Geschlecht des Babys erfahren oder dass es bereits erwachsen ist.

- **Albträume.** Albträume von der Schwangerschaft sind keine Seltenheit. Sie werden für gewöhnlich durch Hormonveränderungen und erhöhter Empfindlichkeit während der Schwangerschaft ausgelöst und können mit der Angst vor der Geburt oder vor Komplikationen zusammenhängen. Frauen berichten auch immer wieder von Träumen, in denen sie ihr Baby fallen lassen, es ertränken oder versehentlich ersticken. Andere haben Albträume, in denen sie sich verirren, gefangen sind oder lebendig begraben werden.

Frauen, die zum ersten Mal Mutter werden oder die traumatische Schwangerschaften oder Fehlgeburten erlebt haben, werden wahrscheinlich regelmäßig verstörende Träume haben, die beim Aufwachen Gefühle von Angst und Beklemmung hinterlassen. Eine Veränderung der Träume während der Schwangerschaft ist völlig normal und sollte kein Anlass zur Sorge sein. Abhilfe können gängige Entspannungstechniken schaffen, wie z. B. ein warmes Bad, Verzicht auf soziale Medien eine Stunde vor dem Schlafengehen, eine Reduktion von Koffein und scharfen Speisen. Und vielleicht vermeiden Sie auch besser den Verzehr von Käse am Abend.

Schrei Aufgestaute Wut, Angst, Frustration und Kommunikationsprobleme mit jemandem sind alles mögliche Gründe für Träume, in denen Sie schreien.

Schreien Wenn Sie im Traum schreien, aber kein Ton aus Ihrem Munde kommt, dann haben Sie wahrscheinlich das Gefühl, dass Ihnen momentan niemand zuhört. Vielleicht haben Sie eine Menge zu sagen, aber niemand fragt Sie nach Ihrer Meinung. Wenn Ihr Schreien tatsächlich vernehmbar ist, dann versuchen Sie, lange unterdrückte Gefühle und Emotionen mitzuteilen.

Schulden Ein Traum über Schulden kann auf finanzielle Sorgen hindeuten. Wahrscheinlich sind unbewusster Stress und Angst die Ursache für den Traum. Er kann aber auch ein Zeichen für Unausgeglichenheit, Überforderung, Sorgen und Probleme in einer persönlichen oder geschäftlichen Angelegenheit sein. Eine andere Deutung ist, dass Sie von anderen zu viel verlangen und bei ihnen in puncto Zeit und Gefälligkeit in der Schuld stehen.

Schule Ein Gefühl der Unzulänglichkeit oder schlechte Erfahrungen in der Schule können zu einem Traum führen, in der es um die Schule geht. Wenn Sie im Traum im Unterricht sitzen, kann das andeuten, dass Sie etwas Neues in Ihrem realen Leben lernen oder sogar ein spirituelles Erwachen erleben. Von der Schule fortzulaufen ist eine Metapher dafür, dass Sie versuchen, vor etwas oder jemandem in Ihrem bewussten Leben davonzurennen. Wenn Ihre Schule im Traum in Trümmern liegt – vielleicht abgebrannt oder zerstört – gibt es wahrscheinlich ungelöste Probleme oder Ängste aus Ihrer Kindheit, mit denen Sie sich auseinandersetzen müssen.

Schuppen Wenn Sie im Traum Schuppen haben, haushalten Sie nicht gut mit Ihrer Energie. Vielleicht hatten Sie in letzter Zeit viel Stress. Überlegen Sie, wie Sie mit aktuellen Probleme besser umgehen können. Alternativ kann dieser Traum auch auf einen Mangel an Selbstwertgefühl hindeuten.

Schwiegertochter Wenn Sie Ihre Schwiegertochter im Traum sehen, ist das ein Zeichen dafür, dass ein ungewöhnliches und unerwartetes Ereignis Ihnen entweder viel Freude oder viel Kummer bereiten wird. Das ist davon abhängig, wie sich die Schwiegertochter im Traum verhält.

See Erscheint ein See in Ihrem Traum, hat das viel mit Ihrem derzeitigen Gemütszustand zu tun. Ist der See zum Beispiel ruhig und die Wasseroberfläche glatt oder ist er bewegt und unruhig? Können Sie das Ufer sehen oder erstreckt er sich in unendliche Weiten? Das würde bedeuten, dass Sie mit der Größe eines Problems überfordert sind oder dass es zu schwierig zu bewältigen ist.

Seemann Schwierigkeiten oder Verzögerungen bei Plänen stehen bevor, wenn Sie von einem Seemann träumen. Dieses Symbol kann auch für eine lange und aufregende Reise stehen, oder aber vor einer Trennung von einem Geliebten warnen – möglicherweise, weil Sie den Geliebten durch zu viel Flirterei mit anderen aufgebracht haben.

Segeln Ein Traum vom Segeln gibt häufig Auskunft darüber, wie das Leben derzeit für Sie läuft. Fährt das Boot auf ruhiger See dahin, dann läuft in Ihrem Leben im Moment wahrscheinlich alles glatt. Ist es auf stürmischer See unterwegs, könnte dies auch auf Ihr reales Leben zutreffen.

Seitensprung Wenn Sie im Traum fremdgehen, drücken Sie möglicherweise Ihre sexuellen Begierden als Bedürfnis nach Aufmerksamkeit von jemand anderem aus. Hat Ihr Partner in Ihrem Traum eine Affäre, fühlen Sie sich wahrscheinlich verunsichert und haben möglicherweise Angst vorm Verlassenwerden.

Sex Von Sex zu träumen, muss nicht unbedingt das bedeuten, wonach es aussieht! Es kann einfach sein, dass sexuelle Gefühle durch eine körperliche Reaktion auf Entspannung ausgelöst werden. Dies geschieht eher, wenn Sie in Bauchlage schlafen, da mechanischer Druck auf die Sexualorgane ausgeübt wird. Andere Interpretationsmöglichkeiten sind, dass Sie sich jemandem nah fühlen möchten oder sich zu jemandem hingezogen fühlen. Wenn Sie träumen, mit einer Person Sex zu haben, die Sie kennen (die aber nicht Ihr Partner ist), bedeutet das nicht, dass Sie mit ihr Sex haben wollen (auch wenn es Ihnen vielleicht etwas peinlich ist, wenn Sie sie das nächste Mal sehen), sondern eher, dass Sie sie gerne (platonisch) besser kennenlernen würden.

Shampoo Wenn Sie Ihr eigenes Haar shampoonieren, tun Sie womöglich zu viel, um anderen zu gefallen. Dabei vergessen Sie auf Ihre eigenen Bedürfnisse. Wenn Ihnen jemand die Haare wäscht, werden Sie sich bald auf eine geheime Reise begeben, die Ihnen Freude bereiten wird. Sie müssen aber deren Folgen vor Ihrer Familie und Ihren Freunden verborgen halten.

Skorpion Sie wurden im Traum von einem Skorpion gestochen? Gab es zuletzt eine Situation in Ihrem Leben, in der böse Worte gefallen sind? Richten sich im realen Leben negative Gedanken und Taten auf Sie? Vielleicht befinden Sie sich aber auch auf einem selbstzerstörerischen Trip und müssen damit aufhören. Skorpione sind auch ein Symbol für Tod und Wiedergeburt – vielleicht ist es an der Zeit, etwas Neues in Ihr Leben zu lassen.

Sonne Ihre Anstrengungen werden mit Erfolg belohnt, Prüfungen werden bestanden, Ziele erreicht.

Spiegel Ein Spiegel im Traum kann zweierlei bedeuten. Einerseits kann er darauf hinweisen, dass es für Sie an der Zeit ist, Ihr Verhalten der letzten Monate gründlich und ehrlich zu überdenken. Gibt es etwas, für das Sie sich schämen? Andererseits könnte es darauf hindeuten, dass Sie in naher Zukunft einige Komplimente vom anderen Geschlecht erwarten können.

Spiegelbild Hatten Sie einen Traum, in dem Sie Ihr eigenes Spiegelbild sahen? Möglicherweise ist es an der Zeit, dass Sie sich selbst mit all ihren guten und schlechten Seiten ehrlich betrachten. Gehen Sie mit sich nicht zu hart ins Gericht, sondern betrachten Sie es als Gelegenheit, aus Ihren Fehlern zu lernen und es besser zu machen. Es ist auch eine Chance für Sie, Ihre guten Seiten schätzen zu lernen. Konnten Sie Ihr Spiegelbild im Traum nicht sehen? Das würde darauf hindeuten, dass Sie in letzter Zeit einen Teil Ihrer Identität verloren haben oder dass Sie sich verbiegen und vielleicht sogar einen Teil Ihres Selbst zugunsten eines anderen aufgaben. Das Spiegelbild eines anderen statt Ihres eigenen zu sehen, deutet darauf hin, dass Sie im Moment nicht wissen, wer Sie sind – was wiederum darauf hindeutet, dass Sie mehr über sich selbst reflektieren müssen.

Spielende Kinder Die Ausgelassenheit spielender Kinder verheißt großes Glück. Es kann auch ein Zeichen dafür sein, dass Sie die Dinge in letzter Zeit zu ernst genommen haben und sich mehr entspannen müssen.

Spinne Streitereien drohen. Jemand könnte Ihnen übel mitspielen wollen.

Springen Von einer Klippe ins Meer zu springen ist ein Symbol dafür, ein Risiko einzugehen. Wenn Sie im Traum unversehrt im Wasser landen, wäre der Ratschlag, dass Sie etwas wagen sollten. Ein unglückliches Ende eines solchen Sprungs könnte darauf hindeuten, dass Sie sich noch etwas Zeit nehmen sollten, um alle Vor- und Nachteile abzuwägen.

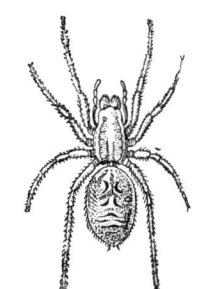

Sternschnuppe Erfolg in jeder Hinsicht ist Ihnen beschieden, wenn Sie von einer Sternschnuppe träumen.

Strand Viele Menschen schwelgen oft in Tagträumen, in denen Sie an einem Sandstrand weilen. Nächtliche Träume vom Strand stehen für die gleichen Emotionen und Gefühle – das Bedürfnis, sich zu entspannen und die Seele baumeln zu lassen. Vielleicht ist ein Urlaub längst überfällig.

Streit Ein Traum, in dem Sie sich mit einem Familienmitglied oder einem Ex-Partner streiten, ist oft ein Hinweis auf verdrängte Emotionen und unausgesprochene Kränkungen seitens dieser Person. Wenn Sie sich mit verstorbenen Freunden oder Familienmitgliedern streiten, sind da offenbar Dinge, von denen Sie sich wünschen, Sie hätten sie ihnen zu Lebzeiten gesagt.

Suche Wenn Sie im Traum nach etwas suchen, fehlt wahrscheinlich etwas in Ihrem Leben. Das kann Liebe, Freundschaft, ein Gefühl des Friedens oder Wissen sein.

Sucht Sind Sie im Traum alkohol- oder drogenabhängig? Dies ist oft ein Symbol dafür, dass Sie eine obsessive Person sind, sich zu abhängig von einer Person fühlen und glauben, dass Sie ohne sie nicht klarkommen.

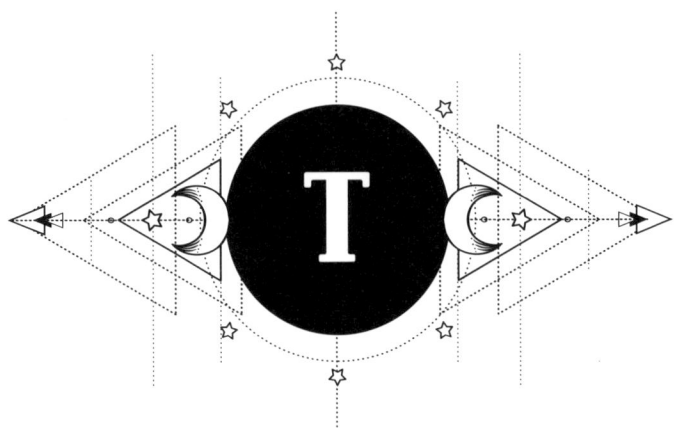

Tag Ein sonniger Tag symbolisiert Klarheit
oder eine positive Einstellung und bedeutet,
dass Sie die Dinge derzeit deutlich sehen. Ist
der Tag wolkig oder düster, deutet dies auf
eine traurige oder niedergeschlagene Phase
hin. Ein stürmischer Tag ist ein Symbol für
eine Veränderung, die einen Neustart ermöglicht, Probleme aus der Welt schafft
und den Weg für Ihr nächstes Projekt frei macht.

Tanzen Wie Sie sich vielleicht vorstellen können, steht Tanzen für freie Bewegung und Glück. Wenn Sie im Traum mit einem Partner tanzen,
könnte das auf die Intimität und Sinnlichkeit des Tanzes hindeuten. Ein Tanz mit einem Ex-Partner bedeutet eher, dass
Sie loslassen und ohne Groll nach vorn blicken.

Tanzendes Kind Ein tanzendes Kind deutet auf
Schwierigkeiten hin, und zwar entweder für Sie oder für
jemanden, der Ihnen nahe steht. Natürlich werden die Probleme
irgendwann gelöst sein, aber zunächst steht eine schwere Zeit
bevor.

Tarantel Das Tier steht für Ihre dunkle, gefährliche und unheimliche Seite.
Wenn Sie von einer Tarantel träumen, kann das darauf hindeuten, dass Sie in letzter Zeit nicht besonders nett oder freundlich zu anderen waren. Sie sollten sich
von einer netteren Seite zeigen.

Tasche Eine volle Tasche steht für Wohlstand, eine leere kündigt schwierige Zeiten an. Wenn Sie im Traum eine teure Designer-Handtasche in der Hand halten, dann sollten Sie Ihre Ausgaben und ihren aufwändigen Lebensstil einschränken und etwas vernünftiger mit Geld umgehen.

Taschenrechner Ein Taschenrechner im Traum deutet an, dass Sie ein Problem durchdenken und Ihre Optionen sorgfältig evaluieren sollten. Erstellen Sie einen Plan oder eine Übersicht. Das Gerät kann auch ein Symbol für eine berechnende, gerissene und intrigante Person sein.

Tätowierung Wie im echten Leben stehen Tattoos oft für Kreativität oder den Wunsch, sich von der Masse abzuheben – vielleicht fühlen Sie sich momentan in Ihrem realen Leben in den Hintergrund gedrängt und können sich nicht ausdrücken. Die Art der Tätowierung kann ebenfalls aufschlussreich sein. Ein Drachentattoo zeigt, dass Sie sich nach Aufmerksamkeit sehnen, während das Karoass darauf hinweist, dass Sie stolz auf Ihre jüngsten Erfolge sind und andere sie anerkennen sollen.

Taub Wenn Sie im wirklichen Leben nicht taub sind, im Traum aber schon, fühlen Sie sich in einer wichtigen Angelegenheit ungehört und ausgegrenzt. Sie können mit niemandem über Ihren Frust und Ihren Schmerz sprechen, und das macht das Ganze noch schlimmer. Andererseits kann ein solcher Traum darauf hinweisen, dass Sie etwas nicht hören wollen, was andere sagen. Vielleicht weigern Sie sich, die Wahrheit anzuerkennen.

Taube Traditionell sind Tauben eine Metapher für Frieden und Glück. Ein Traum von Tauben deutet darauf hin, dass Ihnen beides zukommen wird. Das Tier steht auch für Glück in der Liebe.

Taxi Wenn Sie im Traum ein Taxi rufen, bedeutet das, dass Sie in einer Sache um Hilfe bitten müssen. Wenn Sie bereits in dem Taxi sitzen, werden Sie womöglich aufs Kreuz gelegt oder ausgenutzt.

Tee Im Traum eine Tasse Tee zu trinken steht für Frieden, Ruhe, Gelassenheit, Erholung und Entspannung. Es könnte ein Hinweis darauf sein, dass Sie in letzter

TRÄUME VON SCHLANGEN

Ob Sie Schlangen nun mögen oder verabscheuen, ein Traum, in denen sie auftauchen, ist nicht unbedingt angenehm. Die Tiere lassen sich sowohl als Symbol für Heilung als auch für versteckte Gefahren deuten. Sehen wir uns ihre Bedeutung also genauer an.

Sind in Ihrem Traum überall Schlangen zu sehen? Dies soll ein Symbol für unbewusste Ängste sein, die vielleicht in letzter Zeit zugenommen haben. Hat die Schlange zwei Köpfe? Das zeigt, dass es derzeit in Ihrem Leben einen Konflikt gibt, den es zu klären gilt. Werden Sie im Traum von einer Schlange gebissen? Dies ist ein häufiger Traum und ein schlechtes Omen. Nehmen Sie sich vor Menschen, Situationen oder Dingen in Acht, die eine unmittelbare Gefahr für Sie darstellen. Von Bedeutung ist auch, wo Sie gebissen wurden.

- **Von hinten** Dies warnt vor einem Angriff, der Sie unvorbereitet oder vonseiten unbekannter Personen trifft.
- **Hand** Diese Stelle steht für Menschen, die Ihr Vertrauen missbrauchen. Ist der Biss auf der rechten Hand, so kommt der Verrat wahrscheinlich von einer Ihnen nahestehenden Person. Ein Biss auf der linken Hand bedeutet eine nicht so vertraute Person, auf die Sie sich aber dennoch verlassen.
- **Gesicht** Dies deutet auf einen persönlichen Angriff hin. Ist der Biss in der Nähe von Mund oder Kehle, könnte Sie jemand zum Schweigen bringen wollen. Vielleicht haben Sie für seinen Geschmack zu viel geredet.
- **Fuß** Ein Schlangenbiss am Fuß symbolisiert, dass Ihre Bewegungsfreiheit eingeschränkt ist. Es könnte sein, dass Ihnen Hindernisse im Weg stehen oder dass Ihre Ambitionen von jemandem blockiert werden.
- **Schlange im Haar** Vielleicht sind Sie zu sehr in Ihre Gedanken versunken. Achten Sie mehr auf die Menschen und Ereignisse in Ihrer Umgebung.

Auch der Ort, an dem sich die Schlange in Ihrem Traum befindet, kann sehr aufschlussreich sein:

- **Im Bett** Dies hat oft sexuelle Konnotationen. Möglicherweise sollten Sie Ihre unterdrückte Sexualität und Ihre Wünsche gründlicher erforschen.
- **Unterm Bett** Dies steht für verborgene Dinge oder unbewusste Gefahr.
- **Im Haus** Dies zeigt, dass ein Problem ganz in der Nähe Ihres Zuhauses besteht.

Was macht die Schlange in Ihrem Traum?

- **Sie verfolgen** Sie laufen wahrscheinlich vor etwas weg. Vielleicht versuchen Sie auch, etwas in Ihrem Leben zu vermeiden oder Sie wollen sich etwas nicht eingestehen.
- **Im Wasser schwimmen** Das heißt Gefahr für Ihre emotionale Stabilität.
- **Schlange im Auto** Möglicherweise versucht etwas oder jemand, sich Ihnen in den Weg zu stellen.
- **Die Schlange töten** Das bedeutet, dass Sie in der Lage sind, sich gegen eine Bedrohung zu behaupten.
- **Sich häuten** Dies ist ein mögliches Omen für Tod und Wiedergeburt. Der Prozess, auch Ekdysis genannt, lässt sich als neues Wachstum, Veränderung und Transformation in Ihrem Geist interpretieren, wie etwa das Abstreifen der negativen Aspekte, damit sich Neues und Positives entwickeln kann.
- **Schlangeneier** Manchmal erscheinen Schlangeneier im Traum, wenn eine Veränderung bevorsteht.
- **Eine Schlange, die sich in einen Menschen verwandelt** Dies kann auf eine Verwandlung oder eine mögliche Bedrohung hindeuten.
- **Um Ihren Körper gewunden** Dies ist ein Symbol der Heilung oder Wiedergeburt. Wenn die Schlange bedrohlich wirkt, steht sie möglicherweise für Personen, von denen Sie ausgesaugt werden.
- **Eine Schlange, die etwas verschlingt** Diese Träume können ein Symbol für persönliche Veränderung sein.
- **Schlange am Weg** Wenn eine Schlange Ihren Weg kreuzt oder Sie ihre Anwesenheit bemerken, bedeutet dies, dass um Sie herum Gefahr lauert. Vielleicht umgeben Sie sich mit gefährlichen Menschen, die Sie eigentlich für harmlos halten.

Die Farbe der Schlange:

- **Rot** Zorn, Emotionen, Leidenschaft, Wut, Blut und Lust.
- **Grün** Neid, Gier, Finanzen, Harmonie, Erneuerung und Wachstum.
- **Gelb** Intellekt, Vorsicht und Eifersucht.
- **Schwarz** Der Schatten oder die dunkle Seite Ihres Wesens oder unbekannte Gefahren.
- **Weiß** Reinheit, Unschuld, Transformation, Licht und Sicherheit.
- **Braun** Verbindung mit der Erde, Mutter Natur und der weiblichen Energie.
- **Orange** Strahlend, witzig, spontan, großzügig, optimistisch, eifrig, kühn.
- **Gold** Steht für die Seele oder das Ich, Symbol für Weisheit und Wissen.
- **Violett** Macht, Kreativität, Weisheit, Würde, Erhabenheit, Arroganz.

Zeit sehr beschäftigt waren und kaum Zeit zum Innehalten hatten. Wenn Sie im Traum einer Teezeremonie beiwohnen oder eine Teeplantage besuchen, dann haben Sie Lust, sich ins Abenteuer zu stürzen. Das Lesen von Teeblättern im Traum deutet auf Ihr spirituelles Bewusstsein hin, das sich weiterentwickelt.

Teebeutel Ein Traum, in dem Teebeutel auftauchen, ist eine Aufforderung an Sie, sich etwas Zeit zum Entspannen zu gönnen.

Telegramm Unerwartete Nachrichten stehen bevor, wenn ein Telegramm in Ihrem Traum auftaucht. Es sollten gute Nachrichten sein.

Tiger Eine unbekannte Gefahr droht.

Tochter Wenn Sie Ihre Tochter im Traum sehen, steht das für die Beziehung zu Ihrer Tochter im realen Leben. Ist die Verbindung im Traum herzlich und eng, so spiegelt das Ihr Verhältnis im realen Leben wider. Ist die Beziehung im realen Leben aber angespannt und distanziert, wird sich dies wohl auch im Traum ausdrücken. Wenn Sie keine Tochter haben, symbolisiert das den weiblichen Aspekt in Ihnen und das Bedürfnis, ihm Ausdruck zu verleihen.

Tod Manche Menschen träumen vom Tod einer Person, die in der realen Welt noch gesund und munter ist. Ein solcher Traum kann Unbehagen auslösen, besonders wenn es sich um eine nahestehende Person handelt. Es bedeutet nicht, dass die Person tatsächlich sterben wird. Es könnte aber sein, dass etwas in Ihrer Beziehung zu ihr fehlt und vielleicht etwas gelöst werden muss, um diese zu retten. Es kann beängstigend sein, vom eigenen Tod zu träumen. Allerdings wird ein solcher Traum so interpretiert, dass Sie eine zweite Chance bekommen. Ein Traum über den eigenen Tod lässt sich auch positiv deuten. Möglicherweise stehen Sie an der Schwelle zu einer Verwandlung und es steht eine bedeutende Veränderung, oft im spirituellen Sinne, bevor.

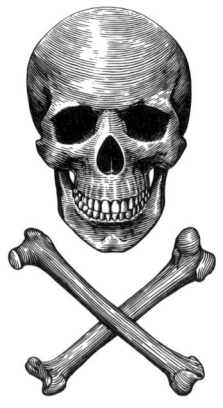

Tor Wenn Sie im Traum ein offenes Tor sehen und es durchschreiten, bedeutet das, dass Sie in eine neue Lebensphase eintreten. Ein verschlossenes Tor deutet darauf hin, dass Sie noch nicht bereit oder willens sind, weiterzugehen.

Tote Träume von Verstorbenen sind nicht so unheilvoll oder gefährlich, wie es scheinen mag. Wenn die Person erst vor kurzem verstorben ist und es sich um ein enges Familienmitglied oder einen Freund handelt, kann der Traum Ihrem Unterbewusstsein helfen, sie „am Leben" und in Ihrem Gedächtnis zu behalten. Der Traum kann Ihnen auch die Möglichkeit geben, eine Angelegenheit mit dem Verstorbenen zu klären, vielleicht einen ungelösten Streit. Es ist nicht ungewöhnlich, regelmäßig von einer kürzlich verstorbenen Person zu träumen. Diese Träume können dazu dienen, das Geschehene zu verarbeiten. Verstorbene können auch andere Funktionen in Träumen haben – manchmal sind sie da, um Ihnen zu versichern, dass Sie das Richtige tun, oder sie bieten Rat und Orientierung.

Töten Waren Sie in letzter Zeit gereizt und von jemandem genervt? Dann könnte es gut sein, dass Sie diese Person am liebsten ins Jenseits befördern würden! Keine Sorge, das bedeutet nicht, dass Sie wirklich jemanden umbringen wollen. Der Traum weist Sie eher darauf hin, dass Sie erst einmal durchatmen und herausfinden sollten, was genau das Problem mit dieser Person ist, um es dann mit ihr zu besprechen. Wenn Sie im Traum getötet werden, fühlen Sie sich wahrscheinlich überfordert und nicht wertgeschätzt.

Trauer Ein Traum, in dem Sie traurig sind, kann ein Spiegelbild Ihre Gefühle in der realen Welt sein. Finden Sie heraus, was Sie glücklich macht und konzentrieren Sie sich stärker darauf. Gleichzeitig sollten Sie versuchen, die Dinge aus Ihrem Leben zu verbannen, die Sie traurig machen.

Treibsand Ein Traum, in dem Sie im Treibsand versinken, bedeutet, dass Sie sich im Moment überfordert fühlen – vielleicht mit Arbeit oder Emotionen. Die Dinge steigen Ihnen über den Kopf und Sie müssen um Hilfe bitten.

Tunnel Eine Ihnen nahestehende Person, der es nicht gut geht, wird jede Menge Unterstützung brauchen: Das ist die unheilvolle Botschaft eines Traumes, in dem ein Tunnel vorkommt.

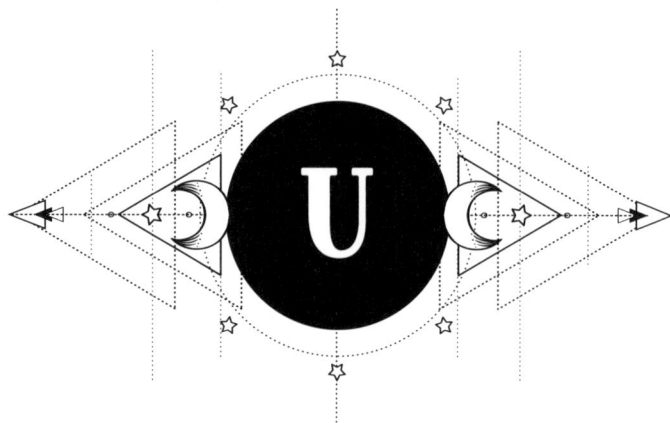

UFO Ein UFO im Traum symbolisiert den Wunsch nach spirituellem Bewusstsein. Vielleicht entwickeln Sie gerade ein Interesse an Spiritualität. Möglicherweise fühlen Sie sich derzeit von anderen ausgeschlossen oder entfremdet, als ob Sie von Familie, Freunden oder Arbeitskollegen ausgegrenzt werden würden.

Uhr Sie ist ein Hinweis auf wichtige Angelegenheiten, die Ihre Aufmerksamkeit erfordern. Es stehen offenbar Ereignisse bevor, die Sie im Auge behalten müssen.

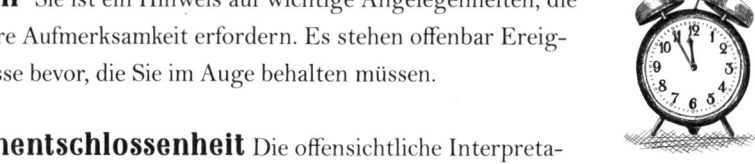

Unentschlossenheit Die offensichtliche Interpretation eines Traums über Unentschlossenheit ist natürlich, dass Sie in der realen Welt ebenso unentschlossen sind. Vielleicht werden Sie vor eine große Entscheidung gestellt, die einen bedeutenden Einfluss auf Ihr Leben und das anderer haben wird. Diese Art von Traum mahnt Sie, sich Zeit für die Entscheidung zu nehmen und nichts zu überstürzen.

Unfall Vielleicht haben Sie irgendwo einen Fehler gemacht und fühlen sich nun schuldig – vielleicht bestrafen Sie sich sogar dafür. Es kann aber auch sein, dass ein Traum von einem Unfall eine Warnung ist, dass Sie es langsamer angehen oder vorsichtiger sein müssen.

Ungeziefer Horden von Ratten, Mäusen und anderem Ungeziefer in einem Traum deuten darauf hin, dass Sie sich im Moment von Menschen in Ihrer Umgebung betrogen fühlen. Sie wissen nicht, wem Sie vertrauen können und haben Angst, der falschen Person zu glauben. Es kann auch bedeuten, dass Sie sich mit Problemen herumquälen, die eigentlich gar nicht so groß sind.

Untergrund Der Wunsch, sich für eine Weile von anderen zu isolieren, führt häufig zu Träumen, unter der Erde zu sein. Vielleicht fühlen Sie sich überfordert oder von zu vielen Menschen bedrängt, die über Ihr Leben urteilen. Vielleicht müssen Sie sich für eine Weile aus Ihrem sozialen Umfeld zurückziehen und nur auf sich selbst anstatt auf andere hören.

Untreue Gefühle der Unsicherheit oder Unzufriedenheit in einer aktuellen Beziehung können dazu führen, dass Sie von Untreue träumen – entweder von Ihrer oder der Ihres Partners.

Urinieren Dies kann mehrere Bedeutungen haben. Einerseits kann es bedeuten, dass Sie die Negativität, die Sie in sich tragen, erfolgreich loslassen. Es könnte aber auch zeigen, dass Sie Ihre Situation nicht unter Kontrolle haben. Wenn Sie im Traum in der Öffentlichkeit urinieren, wollen Sie die Leute wissen lassen, dass Ihr Privatleben sie nichts angeht. Und natürlich kann es auch gut sein, dass Sie aufwachen und merken, dass Sie eigentlich auf die Toilette müssen!

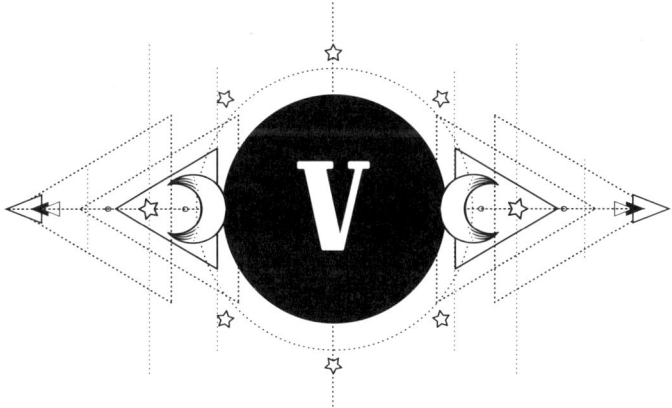

Vater Ein Vater kann Autorität und Schutz symbolisieren; das hängt aber davon ab, wie Ihre Beziehung zu ihm im realen Leben aussieht. Wenn Sie ein angespanntes oder distanziertes Verhältnis zu ihm haben, könnte sein Auftauchen in Ihrem Traum bedeuten, dass Sie ihn besser kennenlernen oder eine bessere Beziehung zu ihm aufbauen sollten. Ist Ihr Vater in Ihrem Traum wütend auf Sie, kann das ein Zeichen sein, dass Sie im realen Leben etwas tun, das er missbilligen würde.

Verbannung Haben Sie geträumt, dass Sie verbannt wurden? Das könnte bedeuten, dass Sie eine für Sie wichtige Sache oder Person verloren haben oder dass Ihnen in einer Sache etwas vorenthalten wird.

Verbrennungen Im Gegensatz zu den Schmerzen, die echte Verbrennungen verursachen können, bedeutet das Träumen von Verbrennungen tatsächlich, dass sich Erfolg einstellt und ein Ende Ihrer Probleme bevorsteht.

Verehrer Ein Traum, in dem Sie einen Verehrer haben, deutet darauf hin, dass Sie anderen gegenüber Ihre wahren positiven Eigenschaften verbergen – so, als ob diese nur für eine Person sichtbar sind – Ihren Verehrer.

Verhaftung Wurden Sie im Traum verhaftet? Womöglich fühlen Sie sich von etwas oder jemandem eingeengt und es ist an der Zeit, sich davon zu befreien.

Verlassenwerden Wenn Sie träumen, verlassen worden zu sein, ist es möglicherweise an der Zeit, Gefühle und Eigenschaften hinter sich zu lassen, die Ihr Wachstum hemmen. Lassen Sie Ihre alten Einstellungen los. Eine offensichtlichere Interpretation dieses Traums ist, dass Sie Angst haben, verlassen oder betrogen zu werden. Sie kann auf einen kürzlich erlittenen Verlust oder die Angst vor dem Verlust einer geliebten Person zurückzuführen sein. Die Angst vor dem Verlassenwerden kann sich in Ihrem Traum als Teil des Heilungsprozesses und im Umgang mit dem Verlust eines geliebten Menschen manifestieren. Sie kann auch von ungelösten Gefühlen oder Problemen aus der Kindheit rühren. Der Traum kann auch anzeigen, dass Sie sich vernachlässigt fühlen oder dass Ihre Gefühle missachtet werden. Wenn Sie träumen, dass Sie jemanden verlassen, bedeutet das, dass Sie mit Ihrer Verantwortung für andere überfordert sind.

Verlies Ein Verlies symbolisiert Gefahr und Dunkelheit für Sie oder für die Menschen in Ihrer Umgebung.

Vulkan Kochen Sie vor Wut oder sind Sie kurz davor, wegen einer Sache in die Luft zu gehen, die Sie schon seit langem ärgert? Das könnte ein Grund dafür sein, weshalb Sie von einem Vulkan träumen, insbesondere von einem, der gerade ausbricht. Wenn Sie von einem schlafenden Vulkan träumen, zeigt dies, dass Sie nach einem heftigen Streit endlich ein wenig zur Ruhe kommen. Oder vielleicht haben Sie auch beschlossen, sich nicht länger über eine bestimmte Person aufzuregen.

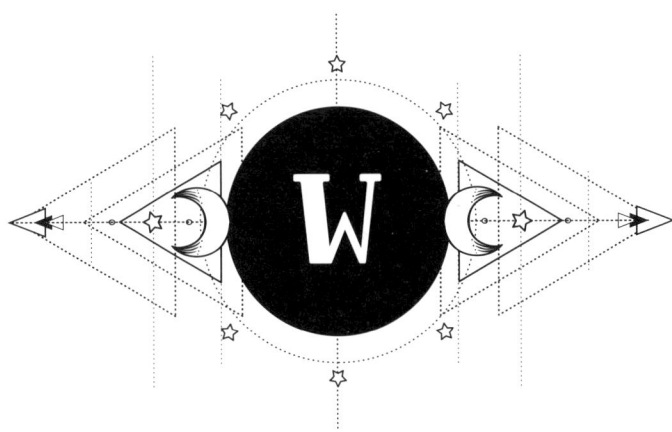

Wandteppich Ein Wandteppich ist ein Symbol für Luxus, Behaglichkeit und Eleganz. Ein zerrissenes und beschädigtes Exemplar ist ein Zeichen dafür, dass Sie diesen Luxus möchten, ihn sich aber im Moment nicht leisten können.

Warten Wenn Sie im Traum ungeduldig auf etwas oder jemanden warten, sind Sie wahrscheinlich ein Kontrollfreak, bei dem alles wie geplant laufen muss. Wenn Sie hingegen geduldig warten, sind Sie eher bereit, den Dingen ihren Lauf zu lassen und nichts zu überstürzen.

Waschen Es steht für Reinigung und Läuterung. Wenn Sie träumen, sich oder Ihre Kleidung zu waschen, deutet dies auf den Wunsch nach einem Neuanfang hin. Oder Sie wollen ein Problem loswerden, das Sie in letzter Zeit belastet hat. Wenn Sie Ihr Haar waschen, haben Sie wahrscheinlich das Bedürfnis, sich von negativen Gedanken und Emotionen zu befreien.

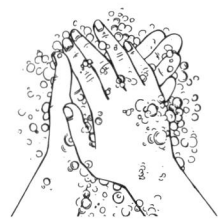

Wasser Klares Wasser verheißt Wohlstand und Gesundheit, schlammiges warnt Sie vor Gefahr und Streit. Heißes Wasser ist eine Warnung vor Gefahr, während kaltes Wasser ein Hinweis darauf ist, dass Sie innehalten und eine Bestandsaufnahme in Bezug auf eine bestimmte Situation machen sollten.

Weinendes Kind Während ein weinendes Kind im echten Leben eher unangenehm ist, deutet es im Traum darauf hin, dass ein Wunsch in Erfüllung geht. Wenn Sie das Weinen eines Kindes im Tiefschlaf vernehmen, lässt Ihr Unterbewusstsein dies womöglich in Ihren Traum einfließen, anstatt Sie zu wecken!

Wellen Sie sind ein Symbol für emotionale Unruhe, wobei der Träumende zwischen Ruhe und Panik schwankt. Sie sollten tief durchatmen, sich beruhigen und entscheiden, welchen Weg Sie einschlagen wollen.

Wetter Träume vom Wetter stehen in engem Zusammenhang mit Ihrer aktuellen emotionalen Verfassung. Regen symbolisiert Traurigkeit und Depression, während ein bewölkter Himmel ein Gefühl von Niedergeschlagenheit oder Überdruss bedeutet. Stürmisches oder windiges Wetter weist auf Konflikte und Aggressionen zwischen Ihnen und anderen hin. Sonne, Regenbögen und ruhiges Wetter zeigen, dass Sie derzeit glücklich und zufrieden sind.

Wiege Eine Babywiege ist eine Metapher für Hoffnungen und Wünsche, die sich erfüllen sollen.

Wolf Es gibt zwei gängige Deutungen für einen Traum über Wölfe. Auf der einen Seite warnt ein solcher Traum vor hinterhältigem und illoyalem Verhalten von Freunden oder Familienmitgliedern. Auf der anderen Seite könnten geschäftliche Verluste drohen.

Würmer Sie zeigen, dass Sie besorgt und ängstlich sind, auch wenn es sich um kleine Sorgen handelt. Möglicherweise haben Sie das Gefühl, für Ihre Fähigkeiten nicht anerkannt zu werden und generell am Arbeitsplatz ignoriert zu werden.

Wüste Wenn Sie träumen, eine Wüste zu durchschreiten, fühlen Sie sich in Ihrem bewussten Leben vielleicht einsam oder isoliert.

TRÄUME VON EINER HOCHZEIT

Träume von Hochzeiten sind nicht ungewöhnlich, wenn Sie selbst gerade eine vor sich haben. Sie können aber auch zu jeder anderen Zeit und bei Personen auftauchen, die nicht gerade im Heiratsfieber sind. Hier einige häufige Hochzeitsträume und ihre möglichen Bedeutungen:

- **Hochzeit mit einem Fremden oder Freund** – Keine Panik, das bedeutet nicht, dass Sie wirklich einen Fremden oder Freund heiraten werden! Es ist eher ein Zeichen dafür, dass Sie entweder jemandem näher kommen werden, der zuvor bloß ein Bekannter war, oder dass Sie eine neue Freundschaft schließen werden.
- **An einer Hochzeit teilnehmen oder zu einer eingeladen werden** – Diese Art von Traum zeigt, dass Sie momentan das Bedürfnis haben, alte Freunde und Familienmitglieder zu treffen. Vielleicht haben Sie sich schon eine ganze Weile nicht mehr gesehen und haben jetzt starke Sehnsucht nach ihnen. Melden Sie sich wieder einmal bei ihnen!
- **Sorgen um Hochzeitskleid, Torte, Schleier oder Ring** – Wenn Sie gerade eine Hochzeit planen, ist diese Art von Traum ein natürlicher Nebeneffekt all der Vorbereitungen und der Nervosität vor dem großen Tag. Wenn Sie *nicht* heiraten, und dennoch davon träumen, ist dieser Traum ein Sinnbild für den allgemeinem Stress und die Sorgen in Ihrem Leben. In jedem Fall ist es eine Aufforderung, dass Sie sich nicht über Kleinigkeiten den Kopf zerbrechen dürfen, sondern das Gesamtbild sehen müssen.
- **Der Bräutigam taucht nicht auf** – Vor einer geplanten Hochzeit ist ein Traum, in dem der Bräutigam kalte Füße bekommt, ein natürliches Zeichen für den Stress und die Angst im Vorfeld des großen Tages. Wenn Sie nicht heiraten, bedeutet das, dass Sie jemandem in Ihrem Leben nicht vertrauen oder nicht wissen, ob Sie es können. Vielleicht haben Sie subtile Hinweise wahrgenommen, dass man Sie im Stich lassen wird.
- **Das Hochzeitsmahl und der Empfang** – Dieser Traum gibt Aufschluss darüber, wie Sie sehr Sie derzeit Geselligkeit schätzen. Wenn beim Essen und Empfang alles gut läuft, die Gäste glücklich sind und Sie sich wohl fühlen, dann freuen Sie sich wahrscheinlich auf die Gelegenheit, mit vielen Leuten in Kontakt zu treten. Wird das Ereignis jedoch von Streitigkeiten überschattet und fühlen Sie sich unwohl, so ist dies wahrscheinlich ein Zeichen dafür, dass Sie sich momentan lieber nicht mit anderen unterhalten möchten und Zeit für sich allein brauchen.

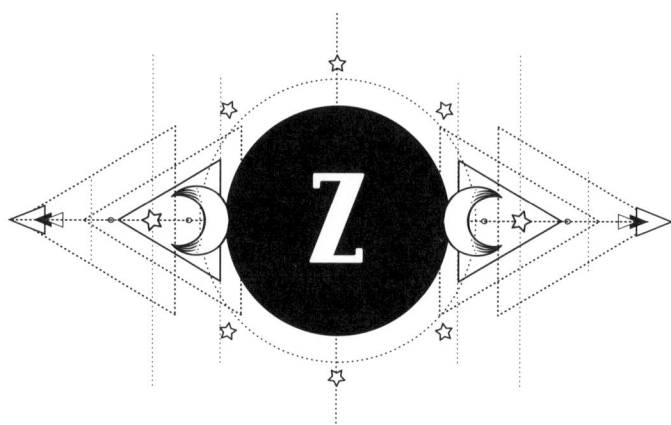

Zähne Der Traum, alle Zähne zu verlieren, ist weitverbreitet. Er hat mehrere mögliche Bedeutungen. Möglicherweise haben Sie Angst, Ihre Attraktivität zu verlieren oder Sie machen sich Sorgen um Ihr Aussehen. Auf einer tieferen Ebene kann ein solcher Traum ein Problem bezüglich Ihrer Kommunikationsfähigkeiten offenlegen. Oder es gab vielleicht kürzlich einen Vorfall, bei dem Sie etwas Unüberlegtes gesagt haben.

Zebra Zebras sind ein Symbol für Gleichgewicht, Einheit und Harmonie. Wenn Sie ein Zebra im Traum sehen, sehnen Sie sich danach, diese Gefühle in Ihrem realen Leben zu spüren.

Zombie Ein Zombie ist ein Anzeichen dafür, dass Sie das Gefühl haben, von der Realität losgelöst zu sein und einfach nur im Alltag funktionieren. Vielleicht kommt es Ihnen so vor, als ob Ihnen die Verbindung zu anderen Menschen fehlt oder dass andere Ihre Anwesenheit nicht wahrnehmen. All diese Gefühle kommen in einem Traum zum Ausdruck, in dem man selbst ein Zombie oder von Zombies umgeben ist.

Zoo Von einem Zoobesuch zu träumen, deutet auf Zwiespältiges hin. Einige Feinde werden versuchen, Ihnen zu schaden, während andere Ihnen nicht viel anhaben können. Sie werden bald eine Reise machen und dabei viel lernen.

Zuhause Träumen Sie von einem früheren Zuhause? Dies ist ein Zeichen dafür, dass Sie in die Vergangenheit zurückblicken sollten, da Ihnen etwas dort dabei helfen könnte, mehr über sich selbst zu erfahren. Wenn Sie von einem neuen Zuhause träumen, sind Sie bereit, Ihre Umgebung zu ändern.

Zuhause eines Freundes Wenn sich Ihr Traum im Haus eines Freundes abspielt, ist Ihnen viel Glück bei der Arbeit und bei Ihren Plänen allgemein beschieden.

Zuspätkommen Träume vom Zuspätkommen sind sehr häufig und lassen sich auf verschiedene Arten interpretieren. Es kann beispielsweise bedeuten, dass Sie derzeit nur schwer Ihre eigenen Erwartungen oder die anderer erfüllen. Es kann auch zeigen, dass Sie Angst davor haben, älter zu werden oder etwas zu verpassen. Schließlich kann der Traum auch als eine Art Weckruf und als eine Warnung in der Art „Beeil dich, bevor es zu spät ist" gesehen werden.

7.

TRÄUME IN LITERATUR UND KUNST

Künstler und Schriftsteller suchen oft verzweifelt nach Inspiration, doch manchmal arbeitet der Verstand im Schlaf an einem Problem weiter. Dann bringt ein Traum die ersehnte Lösung. Und mitunter ist ein Traum selbst die Antwort, wie etwa bei Lewis Carroll, der seine Fantasiewelt plausibel erscheinen lässt, weil sich alles in den Träumen des jungen Mädchens Alice abspielt.

Hier sind einige berühmte Beispiele für Träume, die Eingang in Romane und Kunstwerke fanden.

In der Literatur

„Sterben – schlafen – Schlafen! Vielleicht auch träumen! Ja, da liegts: Was in dem Schlaf für Träume kommen mögen …"
—William Shakespeare (*Hamlet*).

Träume sind ein gängiges Merkmal sowohl der modernen als auch der klassischen Literatur. Sie können den Autoren als nützliches Erzählmittel dienen, indem sie Informationen über eine Figur liefern. Durch einen Traum können die Leser mehr über die innersten Gedanken der Hauptfigur einschließlich ihrer Wünsche, Sehnsüchte und Ängste erfahren. Träume sind auch nützlich, um Dinge anzudeuten, die im Laufe der Geschichte passieren werden, oder um eine Rückblende zu schaffen, die für die Handlung von Bedeutung sein wird.

1984, George Orwell

In George Orwells dystopischem Roman *1984* wird jeder Aspekt von Winston Smiths Leben unentwegt vom Staat überwacht. Er und der Rest der Bevölkerung können nicht frei sprechen oder Kontakt miteinander haben, ihre Bewegungsfreiheit ist eingeschränkt. Sogar Selbstgespräche werden von dem alles sehenden und hörenden Teleschirm abgehört. Ein Aspekt von Smiths Leben, der nicht vom Staat kontrolliert werden kann, sind seine Träume. So träumt er zum Beispiel, dass er durch einen stockdunklen Raum geht und jemand, der neben ihm sitzt, im Vorbeigehen sagt: „Wir treffen uns dort, wo keine Dunkelheit herrscht."

Sturmhöhe,
Emily Brontë

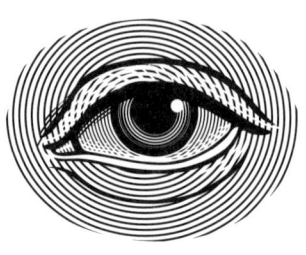

Wie es sich für einen Schauerroman gehört, sind die Träume, die uns in *Sturmhöhe* begegnen, übernatürlicher Art. Dies gilt insbesondere für den Traum von Lockwood, in dem Catherine als Geist erscheint, der das Haus für immer heimsuchen und dafür sorgen wird, dass niemand glücklich ist.

An mehrere Stellen des Romans lassen sich die Charaktere sogar von einem Traum leiten. So nimmt etwa Catherine einen Heiratsantrag an, nachdem sie davon geträumt hat, in den Himmel zu kommen:

> „Ich habe in meinem Leben Träume geträumt, die mich immer begleitet und meine Vorstellungen verändert haben: Sie sind durch mich hindurchgegangen wie Wein durch Wasser und haben die Farbe meines Geistes verändert. Und dies ist einer davon: Ich werde ihn erzählen – aber passen Sie auf, dass Sie dabei nicht lächeln."

A Christmas Carol,
Charles Dickens

Scrooge wird im Laufe der Geschichte von mehreren traumähnlichen Erscheinungen heimgesucht, die den alten Mann etwas über Mitgefühl, Freundlichkeit oder Großzügigkeit lehren. Zum Glück haben diese Visionen eine positive Wirkung auf ihn, und Dickens beglückt uns mit einem Happy End!

Ein Sommernachtstraum,
William Shakespeare

Bei einem Stück, in dem der „Traum" bereits im Titel vorkommt, ist natürlich davon auszugehen, dass es jede Menge Träume enthält. Aber wie die Figur Zettel andeutet, hat der Autor vielleicht nicht viel Wert auf die Bedeutung von Träumen gelegt: „Ich hatte 'nen Traum – 's geht über Menschenwitz, zu sagen, was es für ein Traum war. Der Mensch ist nur ein Esel, wenn er sich einfallen lässt, diesen Traum auszulegen."

Und natürlich klärt sich alles auf, wenn Droll uns am Ende des Stückes erzählt, dass alles nichts als ein Traum war.

Jane Eyre,
Charlotte Bronte

Obwohl Jane Eyre Fantasien und Träumen gegenüber so kritisch eingestellt ist, steckt der Roman voller Verweise auf bedeutende Träume und Tagträume. So gibt es zum Beispiel eine Szene, in der Rochester Jane ein Kompliment für ihre drei Aquarelllandschaften macht und Jane behauptet, dass die Motive sich ihr „lebhaft aufgedrängt" hätten, woraufhin Rochester antwortet: „Ich vermute, dass Sie sich in einer Art von Künstlers-Traumland befanden, als Sie diese seltsamen Farben mischten und auf die Leinwand übertrugen."

Oliver Twist,
Charles Dickens

Dickens hat einen interessanten Kommentar zu dem, was er als „einen schläfrigen Zustand" bezeichnet:

> Es gibt einen schläfrigen Zustand zwischen Schlaf und Erwachen, in dem man, mit halb geöffneten Augen und bei halbem Bewusstsein, in fünf Minuten mehr träumt als in fünf Nächten mit fest geschlossenen Augen und in völliger Bewusstlosigkeit. In diesen Momenten weiß ein Sterblicher gerade genug von dem, was sein Geist anstellt, um den Funken einer Vorstellung seiner gewaltigen Kräfte zu erhaschen; wie er sich, befreit von den Fesseln seines körperlichen Begleiters, von der Erde löst und Raum und Zeit von sich stößt.

„Kubla Khan",
Samuel Taylor Coleridge

Coleridge nahm regelmäßig Opium als Schmerzmittel ein. Einer seiner Träume, die er unter Einfluss von Opium hatte, inspirierte ihn zu seinem berühmten Gedicht „Kubla Khan".

„Der Rabe", Edgar Allan Poe

> Starr in dieses Dunkel spähend, stand ich lange, nicht verstehend,
> Träume träumend, die kein irdischer Träumer je gewagt zuvor.

Das klassische Schauergedicht von Edgar Allan Poe beschreibt einen Mann, der im Dämmerzustand durch ein Klopfen an der Tür geweckt wird. Als er aber die Tür öffnet, ist dort niemand. Darauf folgt ein Monolog mit einem Raben, der zur Hauptfigur des Gedichts wird. Die Literaturwissenschaft ist sich uneins darüber, ob der Rabe einen Traum repräsentiert oder ob er ein Symptom von Trauer ist.

Rebecca,
Daphne du Maurier

> Gestern Nacht träumte ich,
> ich sei wieder in Manderley.
> Ich sah mich am eisernen Tor
> der Einfahrt stehen, und ich
> konnte zuerst nicht hineinge-
> langen, denn der Weg war mir versperrt.

Diese Einleitung des berühmten Romans *Rebecca* lässt bereits den weiteren Verlauf der Geschichte erahnen. Der Erzählerin wird der Zutritt zu Manderley durch die geisterhafte Präsenz von Rebecca zumindest metaphorisch verwehrt. Die Einleitung verweist zugleich auf die Bedeutung, die Träume in der Geschichte spielen werden.

Der Unsichtbare,
H. G. Wells

Ein berühmtes Zitat aus *Der Unsichtbare* von H. G. Wells ist ein gutes Beispiel für den schmalen Grat zwischen dem völligen Eintauchen in einen Traum und dem Bewusstsein, dass es sich um Fiktion handelt: „Mitten in der Nacht schreckte sie ein Traum von ungeheuren, weißen Köpfen, die wie Rüben aussahen, auf unendlich langen Hälsen saßen und sie mit riesigen schwarzen Augen verfolgten, aus dem Schlafe. Aber als vernünftige Frau überwand sie ihren Schrecken, drehte sich auf die andere Seite und schlief gleich wieder ein."

Die Schatzinsel,
Robert Louis Stevenson

Robert Louis Stevenson träumte vom *Seltsamen Fall des Dr. Jekyll und Mr. Hyde* und schrieb kurz darauf das gleichnamige Buch. Aber überlassen wir das letzte literarische Wort über Träume der *Schatzinsel* ...

Ach, manche lange Nacht habe ich von Käse geträumt – besonders von geröstetem.

In der Kunst

Seit dem Mittelalter haben Künstler versucht, Bilder von Träumen, Fantasien und Albträumen zu erschaffen. Zwischen dem 14. und 16. Jahrhundert ließen sich Renaissancekünstler von griechischen und römischen Philosophen der Antike inspirieren, um die Vorgänge, die beim Schlafen ablaufen, bildlich darzustellen. Im 17. und 18. Jahrhundert richtete sich die Aufmerksamkeit der Künstler der Aufklärung auf Vernunft und Rationalität und deren Einfluss auf Träume. Im 19. Jahrhundert nutzten die Symbolisten und Romantiker Erotik, Fantasie

und sogar den Tod für die Darstellung von Träumen. Die Surrealisten des 20. Jahrhunderts brachen mit den Traditionen der Rationalität, um eine Traumkunst zu schaffen, die der Kreativität und Irrationalität freien Lauf ließ.

Die Vision von Tondal (1520–1530), **Hieronymus Bosch**

Dabei handelt es sich um ein verstörendes, fast halluzinatorisches Kunstwerk, das von der „Visio Tnugdali", einem mittelalterlichen Gedicht, inspiriert ist. Darin erlebt ein rebellischer Ritter eine Vision von der Hölle und sucht daraufhin nach moralischer Erlösung. Auf dem Gemälde stellen monströse Kreaturen und ein grotesker Hintergrund, der die Hölle zeigt, den Traum des Ritters oder, genauer gesagt, seinen Albtraum dar.

Der schlafende Apoll mit Musen und Fama (1549),

Dieses Meisterwerk zeigt einen schlafenden, nackten Apoll. Ein Engel schwebt über ihm, während eine Gruppe von Musen ausgelassen tanzt.

Der Schlaf der Vernunft gebiert Ungeheuer (1799), **Francisco de Goya**

Goya verwendet Bilder von Raubtieren, die in Spanien als Symbol für das Böse gelten, um das zu kritisieren, was er als eine irrationale, abergläubische und rückständige Gesellschaft betrachtet, die einer Reform bedarf.

Der Albtraum (1781), **Johann Heinrich Füssli**

Das Gemälde zeigt eine auf dem Bett liegende Frau, auf deren Brust ein mythischer Dämon sitzt. Hinter einem Vorhang streckt ein riesiges Pferd mit aufgeblähten Nüstern seinen Kopf hervor. Diese Darstellung sorgte beim Publikum für Empörung und wird als Vorläufer von Sigmund Freuds psychoanalytischen Theorien erachtet.

Die Schlafende Zigeunerin (1897), Henri Rousseau

Eine Frau liegt schlafend in einer Wüstenlandschaft, ihr Gesicht wird von einem vorbeiziehenden Löwen abgeleckt. Das Ganze ist jedoch vielleicht nicht so simpel, wie es scheint: Gehört der Löwe zum Traum der Frau oder ist er real, und sie somit in Gefahr? Schläft sie wirklich und träumt oder ist das Bild selbst ein Traum?

Traum, verursacht durch den Flug einer Biene um einen Granatapfel, eine Sekunde vor dem Aufwachen (1944), Salvador Dalí

Bei einem so detaillierten Titel wie diesem scheint es auf der Hand zu liegen, was dieses Meisterwerk darstellt. Doch hätten Sie als Motiv eine nackte Frau (die Ehefrau des Künstlers) vermutet, die auf einem Felsen im Meer schläft, während zwei Tiger und ein Gewehr auf sie zufliegen? Die Tiger und das Gewehr tauchen aus dem Mund eines Fisches auf, der selbst aus einem Granatapfel hervordringt. Oh, und da wäre auch noch ein weißer Elefant auf Stelzenbeinen, der über den Himmel spaziert und etwas auf dem Rücken trägt, das wie ein großer Kristall aussieht. An einen solchen Traum erinnert man sich natürlich noch am nächsten Tag!

❋ ❋ ❋

SCHLUSSWORT

Wir sind nun am Ende unserer Traumreise angelangt, bei der wir einen näheren Blick auf die biologischen, psychologischen und mystischen Gründe für das Träumen geworfen haben. Wir haben ein wenig darüber erfahren, wie das Gehirn funktioniert und wie es uns zum Träumen bringt. Darüber hinaus haben wir herausgefunden, wie menschliche Emotionen und Erfahrungen einen Einfluss darauf haben, wovon wir träumen.

Von Träumen über Eicheln bis hin zu Albträumen über Zombies haben wir uns eine Fülle von Themen, Motiven und Symbolen angesehen, die in unseren Träumen auftauchen und uns am Morgen mitunter ratlos zurücklassen. Ich hoffe, dass dieses Buch dazu beigetragen hat, etwas Licht ins Dunkel zu bringen. Möge es Sie dazu anregen, öfter zu versuchen, sich Ihre Träume ins Gedächtnis zu rufen und gemäß den Botschaften zu handeln, die sie Ihnen vermitteln wollen.

Gute Nacht, träumen Sie süß!

REGISTER

BILDNACHWEIS

ÜBER DIE AUTORIN

Angela Mogridge ist Lehrerin und Autorin und beschäftigt sich gern mit den Themen Selbstfürsorge und spirituelles Lernen. Im Zuge Ihrer Suche nach dem schwer fassbaren Gefühl von Frieden und Ruhe ist Angela auf Meditation, Yoga, Aromatherapie und Achtsamkeit gestoßen. Ganz im Sinne ihres Berufs als Pädagogin möchte Angela andere dabei unterstützen, das Beste aus sich herauszuholen - sei es in der Ausbildung, im Beruf oder in ihrem Leben allgemein. Mit ihrer unersättlichen Neugier versucht Angela jeden Tag etwas Neues zu lernen. Voll Begeisterung hat sie sich auf die Reise durch die Welt der Träume begeben, um Ihnen dieses Buch präsentieren zu können.